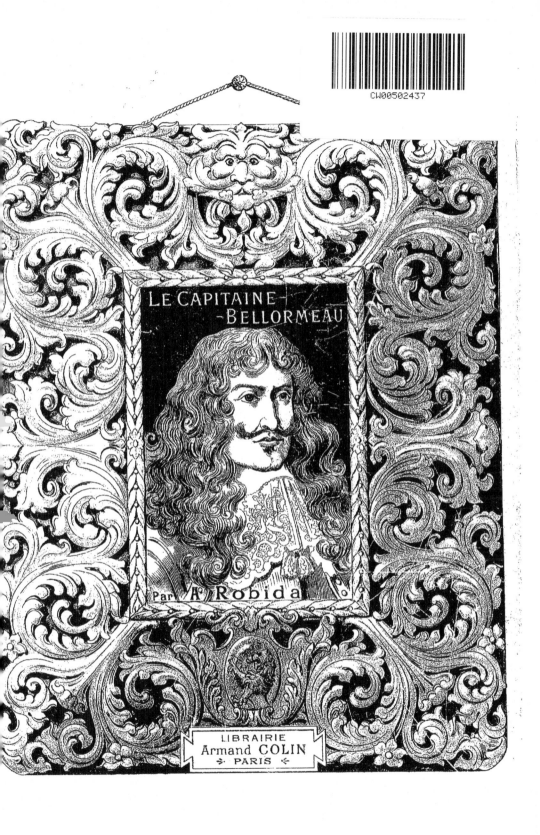

LE CAPITAINE
BELLORMEAU

Par A. Robida

LIBRAIRIE
Armand COLIN
PARIS

Le

# Capitaine Bellormeau

ARMAND COLIN & C$^{ie}$, ÉDITEURS, 5, RUE DE MÉZIÈRES, PARIS

## DU MÊME AUTEUR

**Le Roi des Jongleurs.** Texte et illustrations par A. ROBIDA. Un volume in-4° broché, **7** francs; reliure artistique, tranches dorées . . . . **10** francs.

**En haut du Beffroi.** Texte et illustrations par A. ROBIDA. Un volume in-18 jésus (*Bibliothèque du Petit Français*), broché, **2** francs; relié toile, tranches dorées . . . . . . . . . . . . . . . . . . . . . . . . . . . . . . . . . . . **3** francs.

**Kerbiniou le très madré.** Texte et illustrations de A. ROBIDA. Un volume in-18 jésus (*Bibliothèque du Petit Français*), broché, **2** francs; relié toile, tranches dorées . . . . . . . . . . . . . . . . . . . . . . . . . . . . . **3** francs.

**Le Moulin Fliquette.** Texte et illustrations de A. ROBIDA. Un volume in-18 jésus (*Bibliothèque du Petit Français*), broché, **2** francs; relié toile, tranches dorées . . . . . . . . . . . . . . . . . . . . . . . . . . . . . . . **3** francs.

**Le Mystère de la Rue Carême Prenant,** par A. ROBIDA. Un volume in-18 jésus (*Bibliothèque de Romans pour les Jeunes Filles*), broché, **3** fr. **50**; relié toile bleue . . . . . . . . . . . . . . . . . . . . . . . . . . . . **4** fr. **50**

**La Fin du Cheval,** par PIERRE GIFFARD. Illustrations par A. ROBIDA. Un volume in-4°, broché, **7** francs; avec reliure artistique dessinée par A. Robida, tranches dorées . . . . . . . . . . . . . . . . . . . . . . . . . . . . **10** francs.

A. ROBIDA

Le

apitaine Bellormeau

*Illustrations par l'Auteur*

# Librairie Armand Colin

5, rue de Mézières, Paris

1900

I

*La Garde montante au Louvre.*

La chanson aiguë des fifres, le fracas des grands tambours éclatant soudain furieux, à la hauteur de la Samaritaine du Pont-Neuf, annoncèrent enfin aux curieux massés sur le quai de l'École, l'arrivée de la compagnie colonelle du régiment de Picardie venant prendre la garde du Louvre, en récompense de sa belle conduite dans la dernière guerre de Flandre, notamment au Catelet et à Landrecies, sous le maréchal de Turenne.

Au plaisir toujours très vif de voir passer des soldats, et de beaux et bons soldats comme ceux de Picardie, s'ajoutait pour les Parisiens, bour-

geois, populaire et même gens de qualité qui se trouvaient là, un attrait
tout particulier de curiosité, car on savait cette compagnie colonelle de
Picardie commandée par son nouveau capitaine, M. de Bellormeau,
à peine rétabli des blessures reçues dans la dernière bataille, et se montrant pour la première fois à la tête de ses hommes, tel que Bellone
l'avait laissé, c'est-à-dire avec une grande estafilade en travers de la
figure, de la tempe droite au bas de la joue gauche, débarrassé d'une
oreille gauche, aussi enlevée d'un grand coup de rapière espagnole,
manque de symétrie que les boucles de longue chevelure heureusement
permettaient de dissimuler un peu; de plus, sans parler d'un lot de cicatrices diverses éparpillées sur le corps mais invisibles, pourvu d'une
jambe de bois du côté droit remplaçant la jambe nerveuse et le fin mollet
qu'il tenait de la nature, et qu'un boulet à l'assaut de Landrecies avait
emportés.

L'audace heureuse du lieutenant en second Bellormeau, qui tenait la
tête des quelques hommes de bonne volonté partis à l'avant-garde de la
colonne d'assaut, avait été récompensée par cette compagnie au régiment
de Picardie. Tenu longtemps pour presque mort aux ambulances de
l'armée de Turenne, il avait fallu un miracle pour le tirer d'affaire, et il
venait précisément d'accourir plein d'ardeur à Paris pour réclamer sa
compagnie malgré sa jambe de bois. Celle-ci, après trois mois d'essais
bien difficiles d'abord, ne l'empêchait pas de monter à cheval et de rester
par permission spéciale, ainsi invalide, au service du roi.

Quelques vivats, de nombreux chapeaux levés en l'air saluèrent les
soldats quand d'un pas vif et relevé, tendant bien la jambe, les piquiers
tenant bien raides en lignes régulières leurs grandes piques de quatorze
pieds, les mousquetaires portant le mousquet sur l'épaule gauche et la
fourche avec la mèche à la main droite, ils défilèrent devant les curieux
et pénétrèrent dans la cour du Louvre. Après une courte inspection de
quelques officiers et un salut à la garde descendante, les soldats eurent
bientôt pris possession de leur poste et posé piques et mousquets au
râtelier. Les factions et les consignes distribuées, ceux qui restaient
libres s'installèrent à leur guise, cherchèrent quelque distraction aux

ulentours ou restèrent à remuer des cartes et des dés sur les tambours
dans les postes.

Le capitaine Bellormeau accueilli chaudement en descendant de son
cheval par quelques gentilshommes pour lesquels, avant son action d'éclat,
il était à peu près un inconnu et qui maintenant lui témoignaient à l'envi
sympathie et considération, causait en se promenant de long en large

LES SOLDATS S'INSTALLÈRENT A LEUR GUISE.

devant ses hommes. Très cambré dans son justaucorps neuf, il se redres-
sait et s'efforçait de ne pas laisser ses nouveaux amis s'apercevoir de la
raideur forcée et des saccades de sa marche, avançant le plus doucement
possible sa jambe droite pour éviter le coup sec du bois sur les dalles.

Il était gentil garçon, sa grande estafilade ne le déparait pas trop,
sa fine moustache d'ailleurs se hérissait avec une belle crânerie militaire,
et comme nous l'avons dit, grâce aux boucles de sa chevelure, l'absence
de son oreille gauche ne se remarquait pas trop. Aujourd'hui, après être
resté longtemps bien pâle pour avoir perdu beaucoup de sang, il était

rouge comme une pivoine. Tout le sang qu'il avait gardé ou qu'il avait refait, lui montait au visage et l'on voyait que les éloges et la belle réception des gens de la cour le gênaient et le troublaient considérablement. Il était timide, le vaillant Bellormeau, d'une timidité farouche, il nous faut l'avouer, bien ennuyeuse et fort nuisible dans la vie ordinaire, mais qui n'empêchait pas l'homme doux et paisible, rougissant ainsi qu'une jeune fille devant les amabilités ou les politesses, de se transformer quand les circonstances le voulaient, en un soldat téméraire, prêt à se jeter tête baissée dans tous les dangers : les Espagnols s'en étaient bien aperçus à l'assaut de Landrecies. La *demoiselle de Bellormeau* comme l'appelaient les soldats entre eux, avait montré ce jour-là dans la conversation flamberge au vent qu'elle avait eue avec l'ennemi, une audace qui, cent fois pour une, aurait pu lui être fatale.

Peu à peu les officiers et les gentilshommes qui lui faisaient ce gracieux accueil ayant pris congé et s'étant dispersés de côté et d'autre, Bellormeau resta seul avec un gentilhomme d'un certain âge, à la mine imposante, revêtu aussi d'un justaucorps militaire.

Celui-ci était le marquis de Bury, son protecteur depuis Landrecies où il commandait la colonne d'assaut. Sur la brèche de Landrecies, sous l'ouragan des balles et des boulets, sous les coups de pique, M. de Bury put apprécier Bellormeau qu'il avait à peine entrevu auparavant, perdu dans les bas grades du régiment où jusqu'alors le jeune homme, faute d'occasion, ne s'était point distingué particulièrement. Le marquis de Bury après l'affaire, le chercha sous l'amas des morts de la brèche, le fit soigner sous ses yeux, et recommanda si chaudement au cardinal Mazarin celui qu'il disait être le vainqueur de Landrecies, qu'il obtint pour lui la compagnie colonelle de Picardie, la première et la plus forte, avec promesse de mieux encore au premier jour.

— Or donc, mon cher Bellormeau, disait le marquis de Bury, je suis enchanté de vous retrouver bien vivant, malgré vos blessures... Vous avez l'œil brillant, belle mine, vous êtes vif et alerte même, malgré...

Bellormeau qui se raidissait, rougit sous l'éloge et sa jambe de bois frappa le sol d'un coup plus sec qu'il ne voulait.

« JE SUIS ENCHANTÉ DE VOUS RETROUVER BIEN VIVANT. »

— Oui, oui, n'était ce petit bruit, on ne s'aperçoit pas trop de...

Le martellement du pavé se fit plus saccadé ; pour en finir Bellormeau cessa de marcher et s'appuya sur sa canne.

— Tout est donc très bien, reprit M. de Bury, vous avez fait grand effet tout à l'heure à la tête de votre compagnie ; votre grande balafre en travers du visage vous donnait un air terrible et l'on admirait votre prestance à cheval... on n'a pas l'habitude de voir les capitaines d'infanterie à

ON N'A PAS L'HABITUDE DE VOIR UN CAPITAINE D'INFANTERIE A CHEVAL...
ET AVEC UNE JAMBE DE BOIS, ENCORE...

cheval, et avec une jambe de bois encore... Vous avez fait grand effet... cela va donc très bien, mais pour un temps seulement...

Bellormeau pâlit, sa balafre parut une grande raie rouge.

— Oui, pour un temps seulement, car...

— Cependant, monsieur, je suis jeune et j'espère bien avec la permission du roi rester au service... et avec ma compagnie de Picardie...

— Sans doute vous y resterez au service, mais autrement... je vous ai dit qu'avec M. le Cardinal il avait été question d'autre chose comme récompense de vos faits d'armes et témoignage de grande confiance... On devait vous faire au premier jour gouverneur de quelque place forte.

— Quelque bicoque loin de tout, loin de l'armée, loin des ennemis où je n'aurai qu'à regarder la rouille ronger quelques vieux canons hors de service !

— Point du tout, bouillant Bellormeau, vous serez au contraire tout près de l'ennemi : il s'agit, je le sais, de quelque place des Flandres, un poste difficile et important sans nul doute, car j'ai dit à Monsieur le Cardinal la confiance qu'on peut avoir en vous...

M. de Bellormeau rougit.

— Ah! ah! l'idée du danger vous ragaillardit, mon compagnon ; tranquillisez-vous donc : si vous quittez la compagnie colonelle de Picardie que l'on vous a donnée pour faire honneur à vos blessures, — belle compagnie, beaux hommes, braves, pimpants gaillards et bien choisis, — ce sera, sans vouloir médire d'elle, ce sera pour quelque chose de plus haut... En attendant, reposez-vous, faites-vous frais et dispos, soyez joyeux, engraissez, car je vous trouve encore un peu sec... Je sais que la solde est maigre ; si par hasard vous avez besoin de quelques centaines de pistoles, je serai fort heureux de mettre ma bourse à votre disposition... vous me rendriez cela plus tard sur les bénéfices de votre charge... Je sais que vous n'êtes pas riche, mon camarade, je le sais, les Bellormeau, vieille noblesse mais pas le sou, hélas..! Voyons, où en sont vos affaires, que deviennent vos terres de Bellormeau? Et votre château ?

Bellormeau se mit à rire.

— Mes terres! mon château! dit-il, en faisant sonner sa jambe de bois sur les dalles, toutes mes terres consistent en quelques carrés de choux sur les talus éboulés du donjon de Bellormeau, castel à peu près respectable encore avant les guerres de la Ligue, aujourd'hui castel démantelé, nid de corbeaux ouvert à tous les vents et dont les tours éventrées de la base au faîte menacent de tomber au premier ouragan, d'écraser mes choux et avec mes choux le laboureur Nicaise Bontemps, mon fermier, qui m'envoie cinquante écus par an pour tout revenu... Voici tout mon patrimoine et vous concevez qu'avec cela je n'ai jamais pu faire brillante figure au régiment de Picardie.

— Pauvre Bellormeau ! mais les mauvais jours sont passés, vous êtes hors d'affaire maintenant ; la fortune va vous sourire, vous allez marcher de l'avant !

Le regard de Bellormeau se baissa sur sa jambe de bois.

— Bah ! ne vous tracassez point pour si peu, pour un morceau de bois dont vous prendrez vite l'habitude ! Poussé par la fortune vous marcherez aussi vite que les autres... Je vous ai promis une petite surprise bientôt...

— Bon ! dit Bellormeau, cela fera plaisir aux gens de mon pays. Vous ne savez pas que de Bellormeau, un petit village de bûcherons sur la lisière des forêts, vers Noyon, il m'arrive tous les jours, sur le bruit de ma prospérité soudaine, parvenue jusque-là par mon fermier Nicaise Bontemps et très amplifiée, une nuée de cousins ou soi-disant tels cherchant fortune à leur tour, car le village même a été par les guerres à peu près aussi ruiné que le castel... Et tenez, monsieur le marquis, voyez ces lettres...

Bellormeau tira quelques lettres froissées d'une poche de son justaucorps.

— Ce sont des demandes d'emploi ou de recommandation. Mon valet a fait de tels récits à mon fermier quand il vint m'apporter mes 50 écus et celui-ci a raconté de si belles choses là-bas, que l'on me croit devenu un personnage et que l'on sollicite ma protection !... Tout ce qui m'a connu petit garçon au pays et s'est roulé avec moi sur les talus éboulés de mon castel, tout ce qui s'appelle *Lormeau, Lormel, Delorme, Desormes* chez nous, et il y en a, vous comprenez, un pays de bûcherons, même des *Duchêne* et des *Dubois*, se réclame d'un cousinage plus ou moins éloigné, et demande à être poussé vigoureusement par moi sur le chemin des honneurs et de la fortune... Je ne sais plus comment me défendre, ils menacent de débarquer incessamment à Paris ce qui me gênerait fort... Il y a même une bonne femme qui prétend m'avoir jadis nourri du lait de son ânesse et me demande en reconnaissance une petite pension !

Le marquis de Bury se mit à rire.

— Monsieur le marquis, ce n'est pas tout ! Et mes créanciers !

— Palsambleu ! vous avez des créanciers ? Mauvaise anicroche !

— Hélas ! Et mon mariage manqué !

— Autre anicroche alors ! diable ! diable !

— Tenez, monsieur le Marquis voilà le sergent Bellehumeur qui vient me quérir... on me demande : je parie que c'est quelqu'une de ces anicroches, comme vous dites !

## II

*Où M. de Bellormeau donne audience à quelques créanciers*
*et autres personnages.*

Un vieux sergent à moustache grise ébouriffée et relevée avec des
prétentions galantes, des rubans à la cadenette, la mèche de cheveux plus
longue que les autres qui flottait sur la joue gauche suivant la mode,
s'avançait en cambrant la jambe, comme pour faire admirer les dentelles
de ses fausses bottes.

— Qu'y a-t-il, sergent Bellehumeur? demanda Bellormeau.

— Monsieur, dit le sergent, faisant décrire un large cercle aux
plumes de son chapeau, ce sont des gens, de simples bourgeois, qui voudraient avoir l'honneur de vous parler...

— Si vous le permettez, monsieur le marquis, vous allez voir que
c'est bien ce que je disais... Faites avancer ces bourgeois, Bellehumeur.

Bellehumeur, après un salut cérémonieux, pivota galamment sur ses
talons.

— Hé! fit Bellormeau regardant du côté du poste où l'on voyait un
groupe parmi les soldats, voilà bien ce me semble toutes les anicroches
réunies là-bas... Si je ne me trompe, j'aperçois un gaillard qui doit s'ap-
peler Lormel ou Delorme et être natif comme moi du village de Bellormeau, en Picardie... à côté, monsieur le marquis, cet autre a tout à fait
la mine d'un créancier, et, Dieu me pardonne, je crois bien reconnaître
plus loin la figure de M. Malicorne, mon beau-père manqué, flanqué de
son beau-frère le procureur Grabel... Que me veulent-ils, grand Dieu, et
comment me tirer de leurs mains à tous?... Attendez, Bellehumeur, ne les
laissez pas venir ensemble : qu'ils approchent l'un après l'autre!

Un instant après, un jeune homme de vingt-quatre ou vingt-cinq ans, rougeaud, la figure réjouie, ayant tout à fait la mine fleurie d'un brave fils des champs, se présenta et salua successivement d'un air embarrassé Bellormeau et le marquis de Bury.

— Vous me demandez, mon ami? dit Bellormeau.

— Ah! oui, c'est vrai, fit le jeune homme en regardant la jambe de bois, il n'y a point à se tromper... Eh bien! voilà, monsieur de Bellormeau, je suis le cousin Lormel, vous savez ben, Lormel, de la ferme de la Butte aux renards, à Bellormeau.

— Le cousin Lormel?

— Mais oui, pas Nicolas Lormel, pas Thomas Lormel non plus, que vous avez tant joué ensemble quand vous étiez petit, respect que je vous dois, ni Scholastique Lormel qu'est ma sœur, je suis pas François Lormel non plus, ni Claude, ni...

— Je ne vous demande pas qui vous n'êtes pas... mais qui vous êtes...

« JE NE SUIS PAS SCHOLASTIQUE QU'EST MA SŒUR. »

— C'était pour vous expliquer, monsieur de Bellormeau, je suis le cadet à tertous, Pépin Lormel, le frère à Nicolas, à Thomas, à Scholastique...

— Bon! bon! bon!

— Vous me remettez à présent.

— Oui, oui, le cadet aux Lormel, de la Butte aux renards.

— A Bellormeau!

— Tout juste.

— Qu'était pas plus haut que ça, monsieur de Bellormeau, quand vous êtes parti de Bellormeau pour faire fortune dans les soldats du roi...

j'étions cousin, que je me suis laissé dire, vu que je n'avons pas les papiers, mais que c'est tout comme, j'étions cousin, tout de même...

— C'est bien possible, dit Bellormeau.

— Et vu que mon pauvre défunt père est mort, que la ferme de la Butte aux renards est à Thomas, que Scholastique est mariée au charron, que François a la métairie du Buissouet, que Claude...

— Oui, oui...

— Il ne resterait que moi à pourvoir et alors, vu que le labourage ne va pas, vu que j'ai étudié dans le temps, pour être magister, mes frères m'ont dit comme ça : va-t'en trouver à Paris notre cousin, M. de Bellormeau, qu'a le bras long. Il te poussera, ta fortune est faite, et me v'là parti, et me v'là arrivé-t'à Paris et descendu à l'auberge des Quatre-fils Aymon, rue Saint-Denis, et je me retourne et je cherche, et v'là que je vous trouve pour que vous me poussiez...

Et Pépin Lormel regarda Bellormeau avec un vaste sourire sur sa large figure:

— Bon, bon, bon! fit Bellormeau, je ne demanderais pas mieux, mon garçon, mais il faut que je réfléchisse, que je cherche à quoi je puis vous être utile; vous êtes aux Quatre-fils Aymon : je m'en souviendrai et si je trouve un moyen...

Pépin Lormel allait parler lorsque le sergent Bellehumeur s'avança, précédant majestueusement un autre visiteur.

— Chut! fit le sergent en avançant la main comme pour clore la bouche de Pépin Lormel, ce n'est plus votre tour, c'est à monsieur...

— Je... essaya de dire Pépin.

— Chut! appuya Bellehumeur d'un ton péremptoire.

— Aux Quatre-fils Aymon, rue Saint-Denis, dit Pépin, se décidant à s'en aller.

Le nouveau venu était un gros homme au teint blafard, portant moustache et longue barbiche grisonnantes. Il mit son large feutre à la main et s'inclina respectueusement devant Bellormeau dont la figure montra un peu de gêne à son aspect.

— Excusez-moi, monsieur de Bellormeau, dit-il, vous ayant vu passer à la tête de votre compagnie, j'ai pris la liberté de venir vous renouveler mes offres de service pour tous les vêtements, justaucorps, pourpoints, hauts de chausses, robes de chambre qui vous seraient nécessaires... tout à votre service, monsieur de Bellormeau.

— Je croyais que vous ne vouliez plus travailler pour moi? dit Bellormeau.

— Petit malentendu avant la campagne, monsieur de Bellormeau ; maintenant tous mes garçons ne demandent qu'à tirer l'aiguille pour vous... nous avons un beau choix des plus belles et des plus nouvelles passementeries... Et je me recommande à vous pour notre petite note en souffrance... Vous savez, avant la campagne, il y avait...

— Je sais... je sais... très prochainement j'irai vous faire ma commande...

— Et la petite note?

— Entendu, soyez tranquille !

Le maître-tailleur se confondit en salutations et tourna les talons, se heurtant presque à un troisième personnage amené par le sergent Bellehumeur.

— Oh! oh! fit le marquis de Bury, encore un créancier, n'est-ce pas?

— Hélas! répondit Bellormeau, encore un!

Tout en saluant, le nouveau créancier s'exclamait d'un air scandalisé en montrant avec son chapeau la botte de Bellormeau.

— Eh bien! demanda Bellormeau, qu'y a-t-il maître Landart, estimable cordonnier? C'est mon accident qui vous fait pousser ces exclamations? Oui, comme vous voyez, je n'ai plus qu'une jambe à chausser.

— Oh! ce n'est pas ça! ce n'est pas ça! une seule botte suffit quand elle est distinguée pour montrer l'homme de qualité... mais c'est la façon de cette botte! mauvaise façon, pas d'élégance, la province quoi! Je vois ça du premier coup! Et vous n'avez pas pensé à moi, votre fournisseur habituel pour cela? C'est mal, c'est bien mal!

— Mais vous ne vouliez plus me faire de souliers, de simples souliers, à cause de... je ne pouvais songer à vous commander des bottes.

— Ah! oui, pour le petit compte? Oh! ce n'est que cela? Je l'ai sur moi, le petit compte, et si vous voulez...

— Pas maintenant, répondit Bellormeau, un de ces jours...

— Laissez-moi toujours, continua Landart, vous prendre mesure d'une paire... non, d'une botte qui vous aura une distinction...

L'estimable cordonnier tirait à demi de sa poche et le petit compte et l'instrument à prendre mesure, mais Bellormeau lui fit d'un signe rentrer le tout.

— Ce n'est pas le lieu, ni le moment, dit-il. A bientôt.

Le sergent Bellehumeur, introducteur des visiteurs, amenait deux autres personnages.

— Encore des créanciers? demanda le marquis.

— Non, monsieur, mes créanciers sont d'humeur charmante, vous avez pu le voir, mais je suis en froid ou plutôt brouillé tout à fait avec ces

« MAUVAISE FAÇON! PAS D'ÉLÉGANCE! »

deux messieurs qui s'avancent... l'homme un peu replet qui a un si beau manteau, c'est mon beau-père manqué, M. Malicorne, un gros drapier retiré des affaires, l'autre est son beau-frère Grabel, procureur, comme je vous le disais...

— Cela se voit, dit le marquis.

Grabel et Malicorne s'inclinèrent cérémonieusement, en gens qui ont l'habitude des belles façons, M. Malicorne s'efforçant de prendre un air cavalier en balayant le sol avec son chapeau, M. Grabel, tout de noir vêtu, en tirant sa longue barbiche noire après chaque courbette devant Bellormeau ou le marquis.

Bellormeau resta froid devant ces manifestations de politesse et répondit à peine.

— En me rendant avec mon beau-frère, M. de Malicorne, au Palais où il a quelques menues affaires pour sa terre de Malicorne, dit le procureur, nous avons eu la surprise...

— Et le plaisir, ajouta Malicorne.

— Et le plaisir, ajouterai-je, de reconnaître Monsieur de Bellormeau.

— De qui la Renommée déjà nous avait apporté...

— Des nouvelles glorieuses! ajouta le procureur, glorieuses pour lui, glorieuses pour le Roi, glorieuses pour tous ceux qui ont l'honneur d'être les amis de M. de Bellormeau, le vainqueur de Landrecies.

— Et nous nous flattions naguère d'être du nombre, dit Malicorne saluant, M^me de Malicorne me le disait encore hier...

— Vous êtes trop gracieux, fit Bellormeau, essayant de couper court aux compliments.

— Non! non! s'écria M. de Malicorne, laissez-moi vous le dire, lorsque nous apprîmes tout ce que M. de Turenne, dans son rapport au Roi sur l'affaire de Landrecies, disait de ce cher M. de Bellormeau, que nous connaissions si bien, l'orgueil me monta au visage et il me sembla, corbleu! que c'était moi qui avais pris Landrecies!

— Et moi de même, s'écria Grabel; sambleu! j'en faillis de joie mettre mon étude à sac.

— Et cela fit le même effet à M^me de Malicorne elle-même!... La destinée n'a pas fait de nous des gens de guerre, mais on a le sang bouillant! Oui, il nous semblait y avoir été avec vous, sur cette brèche où vous reçûtes de si graves, mais si glorieuses blessures... M^me de Malicorne me le disait encore hier : je serais heureuse de présenter à la première occasion mes félicitations à M. de Bellormeau... Et vous êtes tout à fait rétabli?

— Tout à fait, répondit Bellormeau.

— Et vous ne vous ressentez plus de rien? plus de douleurs? Tant mieux! tant mieux! Quelques traces, oui mais toujours parfait cavalier; ce sont de nobles cicatrices, cela vous va! cela vous va!

— Vous êtes trop bon...

— J'espère que l'on vous verra bientôt, maintenant que vous êtes sur pied... M^me de Malicorne me disait encore hier : qu'il y a donc longtemps que l'on a eu le plaisir...

— Mais je pensais, monsieur, dit Bellormeau troublé malgré lui, que
ma dernière visite, il y a un an, ne vous avait point été fort agréable.

— Pfuitt! Quoi donc? Erreur! malentendu! n'est-ce pas, Grabel, pur
malentendu! Des vétilles! Du froid entre nous relativement à certaine
proposition si honorable! Est-ce possible? Allons donc! pfuitt! Je vous
demandais le temps de réfléchir... nous recauserons de cela! Et je prends

« NOUS AVONS EU LE PLAISIR ET LA SURPRISE DE RECONNAITRE MONSIEUR DE BELLORMEAU. »

congé de vous en vous disant : à bientôt! M<sup>me</sup> de Malicorne tient à donner
bientôt un dîner en votre honneur...

— Mais...

— Non, non, non! à bientôt! à bientôt! Je vous écrirai... Messieurs,
nos civilités les plus humbles!...

Malicorne et Grabel s'en allaient à reculons avec de grands coups de
chapeau.

— Ouf! fit Bellormeau. Il n'y a plus personne?

— L'audience est terminée! fit le marquis en riant, mais que disiez-vous donc, monsieur de Bellormeau? Il me semble qu'après les créanciers fort aimables de tout à l'heure voici un beau-père charmant!... Que me parliez-vous d'un mariage manqué? Ce M. de Malicorne me semble fort bien disposé au contraire.

— C'est un revirement complet, qui me surprend autant qu'il me réjouit... La dernière fois que je vis M. de Malicorne, il en était tout autrement, je vous assure! Je vais tout vous expliquer... M. de Malicorne est un drapier enrichi qui veut faire figure dans le monde et qui, tout récemment, en laissant le commerce, a pris le nom d'une terre achetée sur ses économies. M. de Malicorne, qui me fournit jadis quelques aunes de drap, me recevait avec force égards et amabilités en raison de mon nom, m'invitait à de fort bons dîners et même à chasser le lièvre dans sa terre de Malicorne, mais lorsque, l'an dernier, j'osai demander la main de Mlle de Malicorne, une toute gracieuse jeune fille, tout changea. Il me ferma brusquement sa porte, trouvant fort mauvais et vraiment scandaleux qu'un simple petit officier sans fortune eût l'audace de prétendre à l'honneur de son alliance!...

Voilà donc où en étaient mes relations avec M. de Malicorne lorsque...

— Mais je comprends le revirement d'aujourd'hui, dit le marquis; tout petit officier inconnu alors, vous n'étiez point un parti remarquable, tandis qu'il en est tout autrement aujourd'hui que vous voilà capitaine au régiment de Picardie, signalé par une action d'éclat, bien vu à la cour, et avant peu gouverneur de... Et M. de Malicorne a réfléchi, vous voyez comme tout s'arrange!

— Oh! gouverneur, je ne le suis pas encore.

— C'est ce qui vous trompe! Je vous annonçais une surprise, mon cher ami; sur mes instances M. le Cardinal a bien voulu tenir sa promesse, ce qui n'arrive pas toujours aussi vite, vous le savez, et...

— Et?

— Et j'ai l'honneur de remettre sa commission à M. le gouverneur des villes et places fortes de Gravelines et Fort Philippe en Flandre, l'engageant, sur l'ordre de M. le Cardinal, à faire en sorte de hâter ses pré-

aratifs de départ, pour se trouver en son gouvernement sous dix jours
u plus tard!... Voici la petite surprise que je vous ménageais, c'est pour
ela que je suis venu vous saisir au Louvre à la garde montante!

Le marquis de Bury tendit à Bellormeau un pli cacheté que celui-ci
'ouvrit qu'avec hésitation.

— Eh oui, l'homme timide! fit le marquis, vous n'avez pas la berlue :
'est bien vous, Gaspard de Bellormeau, qui êtes fait gouverneur de Gra-
relines, poste avancé en Flandre, difficile à garder, mon ami, et qu'il
audra garder tout de même.

'orage s'amasse par là, il est
'ort possible que la prochaine
campagne vous y fournisse l'oc-
:asion de vous distinguer en-
:ore. .

Bellormeau se redressa,
tout rouge d'émotion, mais maintenant sans nulle apparence de
gêne timide.

— Monsieur le Marquis,
dit-il d'une voix ferme, soyez
assuré et veuillez dire à M. le
Cardinal que je saurai faire mon

MONSIEUR DE MALICORNE.

devoir et tout mon devoir, en toute circonstance et jusqu'au bout!

— Et maintenant, dit le marquis du ton d'un chef donnant un ordre
à un officier, vous allez vous mettre à vos préparatifs. Laissez vos hommes
à votre lieutenant M. de Hurtebise, vous les retrouverez d'ailleurs à Gravelines... où j'ai demandé que votre compagnie vous suive... Vous connaissez vos hommes, ils vous connaissent, cela vaut mieux pour la besogne!... Ah! j'oubliais, mon cher ami, je crois avoir un acquéreur pour
votre compagnie : M. de Hurtebise a l'agrément de M. le Cardinal, mais,
en attendant, comme il vous faut quelques fonds, puisez sans façon dans
ma bourse, le gouverneur de Gravelines me rendra tout cela.

## III

*Monsieur le Gouverneur de Gravelines reçoit quelques missives.*

Depuis une quinzaine, Gaspard de Bellormeau était à Gravelines en Flandre, très occupé et horriblement fatigué. Ayant mis les bouchées doubles dans ses préparatifs de départ, suivant les instructions de M. de Bury, et couru la poste en route malgré sa jambe de bois, il avait pu arriver à son gouvernement deux jours avant le délai à lui accordé par le cardinal.

Avant de partir, il s'était empressé d'éteindre les petites dettes accumulées au temps de sa pénurie, quand il n'avait pour vivre que sa solde assez maigre et même assez irrégulièrement payée. Il avait cédé sa

ompagnie de Picardie à M. de Hurtebise à un prix raisonnable et, débar-
assé de soucis de ce côté, s'était donné complètement à ses nouveaux
evoirs.

Grave affaire. La Flandre alors était une province chaudement dis-
cutée entre les Français et les Espagnols, ces derniers si fortement établis
au siècle d'avant dans les Pays-Bas, s'acharnant à la lutte pour la conser-
vation des riches provinces du patrimoine de Charles-Quint. Depuis des
années la guerre tournait autour des places fortes de la Flandre, prises et
reprises successivement par les armées que chaque printemps voyait se
mettre en mouvement.

À Gravelines, place de force très médiocre avec ses vieux remparts
augmentés de quelques défenses au siècle précédent, M. de Bellormeau
n'avait avec lui que la compagnie colonelle de Picardie et quelques canonniers. C'était peu, car il se retrouvait tout à fait en enfant perdu en cette
ville, dernier poste français devant Dunkerque encore espagnol, poste
assez aventuré, bien que l'on parlât beaucoup de la paix, comme chaque
année d'ailleurs, quand des négociateurs officiels ou secrets s'abouchaient
pour discuter un arrangement, qu'aucun des deux partis ne voulait sin-
cèrement avant d'avoir par la force des armes remporté des avantages
décisifs.

Bellormeau, outre ses devoirs de gouverneur très nouveaux pour lui,
avait encore d'autres préoccupations : d'abord trois ou quatre des plus
obstinés Lormeau, Lormel ou Delorme de Bellormeau en Picardie, ne
s'étaient point contentés de lui écrire pour solliciter la protection de ce
cousin si haut placé, et sur la nouvelle que leur parent ou compatriote
avait obtenu un gouvernement, étaient accourus jusqu'en Flandre. Cadet
Lormel était de ceux-là ; trois jours après son arrivée à Gravelines, Bellormeau, stupéfait, l'avait vu apparaître au logis assez vétuste et délabré
qui s'intitulait à Gravelines Hôtel de M. le Gouverneur. Ne pouvant le ren-
voyer, il l'avait pris à son service. Or, un jour que Bellormeau rentrait
d'une inspection à Fort Philippe, Pépin Lormel lui remit deux lettres.

— Peste ! quel homme occupé vous faites, Monsieur le Gouverneur,
fit Hurtebise : toujours des missives, cela me rend jaloux, moi qui n'en

reçois pas six par an, sauf des billets de réclamation des créanciers, fournisseurs ou usuriers !...

— Comme moi, naguère, fit Bellormeau en souriant, tout change...! Vous permettez?

— Je vais surveiller l'exercice de mes hommes, qui s'endorment un peu trop ici, Monsieur le Gouverneur. Je ne veux pas offenser votre ville, mais nous bâillons fort, mes hommes et moi; nous comptions que les

Espagnols nous fourniraient quelques distractions et l'on dirait que cette année nous n'aurons qu'à cueillir des bluets dans les blés.

M. de Hurtebise parti, Bellormeau fit sauter les cachets des lettres. Toutes deux étaient de M. de Malicorne, qui depuis quelque temps accablait le capitaine Bellormeau de sa prose.

Une heure à peine avant son brusque départ de Paris, était parvenue au héros de Landrecies une lettre de M. de Malicorne, dont il suffit de citer le paragraphe essentiel pour faire comprendre toute sa satisfaction.

PÉPIN LORMEL LUI REMIT DEUX LETTRES.

... « Ayant pris le temps de réfléchir sur la demande si flatteuse que vous nous avez faite récemment (un an ou treize mois auparavant) de la main de notre fille Laurette de Malicorne, M<sup>me</sup> de Malicorne et moi sommes heureux de pouvoir vous dire que les convenances nous paraissent aujourd'hui suffisamment réunies, comme nous n'avons jamais douté qu'elles le seraient un jour... ,

« Ainsi donc les portes de notre hôtel vous sont grandes ouvertes ; soyez assuré que M<sup>me</sup> de Malicorne et moi nous éprouverons grand plai-

BELLORMEAU INSPECTAIT FORT PHILIPPE.

ir à vous voir, j'aurai d'ailleurs beaucoup à causer avec vous de choses
érieuses... »

La lettre se terminait par une invitation à dîner. On dînait beaucoup
t bien chez les Malicorne qui relevaient leur noblesse de fraîche date
)ar une table excellente et une cave noblement garnie. Mais Gaspard de
3ellormeau obligé de partir, avait pu seulement griffonner un billet
l'excuses où il laissait malgré lui percer sa stupéfaction du revirement
le la famille Malicorne.

Une autre lettre des Malicorne, en réponse à son billet, était parvenue à Gravelines. M. de Malicorne disait son chagrin du contre-temps,
mais comptait qu'aussitôt après avoir pris possession de son gouvernement et dès que le service du roi le permettrait, son futur gendre
s'empresserait d'accourir à Paris... « où madame de Malicorne et moi,
sans oublier mon beau-frère Grabel, nous serons heureux de... etc...
etc... »

Dans la première des deux missives qu'on venait de remettre à
Bellormeau, M. de Malicorne s'étonnait de ne pas l'avoir vu encore
prendre un petit congé pour venir à Paris et il renouvelait ses assu-
rances de bon accueil, terminant par l'habituel : « Madame de Malicorne
et moi, sans oublier mon beau-frère Grabel, nous serions charmés de...
etc... etc... »

La seconde missive fit sauter M. de Bellormeau.

M. de Malicorne le priait de ne pas se hâter de prendre un congé,
l'engageait, au contraire, à rester à Gravelines et lui annonçait qu'au
cours d'un petit voyage à sa terre de Malicorne, au-dessus d'Amiens,
il pousserait très prochainement jusqu'à Gravelines pour lui faire une
petite visite, en son gouvernement avec M^me et M^lle de Malicorne, « sans
oublier mon beau-frère Grabel venu avec nous pour arrangement de
quelques petits procès avec des voisins de Malicorne ».

— Oh ! fit Bellormeau regardant tout effrayé autour de lui, comment faire ? Ce vieux logis est vaste, mais bien vide et bien délabré, je
suis campé plutôt que logé, car je n'ai guère eu jusqu'ici le temps de
songer à meubler mes appartements.

— Vite ! sergent Bellehumeur ! Pépin Lormel ! tout le monde ! Où sont-ils donc ? Il faut que je reçoive le mieux possible mon beau-père, ma belle-mère et ma fiancée... Vertubleu ! pourvu que j'aie le temps !

Bellehumeur ! Dépêchons ! Qu'au moins je fasse bonne impression sur M. et M^me de Malicorne... qu'ils me voient dans la splendeur de ma nouvelle situation, avec une installation présentable...

Quelle aventure ! voilà ma maudite timidité qui me reprend... Où les mettrai-je ? Dans l'aile droite du logis ? Ce sont les appartements d'honneur... oui, mais il y a un trou au plafond de la plus belle chambre, pas de meubles et quelques rats sans doute... Le plus pressé c'est le plafond et les meubles... Pour les rats, on s'arrangera après !

Pépin Lormel se présenta.

— Avance ! dit Bellormeau, tu as vu le corps de logis à droite ?

— Oui, Monsieur le Gouverneur, répondit Pépin, mais je préfère le gauche, je m'y trouve mieux, il y a moins de courants d'air...

— Il ne s'agit pas de toi ! c'est pour loger mon futur beau... des personnes de distinction... Tu vas t'occuper immédiatement des réparations urgentes, boucher les trous, supprimer les courants d'air, etc... si tout n'est pas fait ce soir, je t'expédie à Bellormeau.

— Ce sera fait, Monsieur le Gouverneur, mais je n'aurai pas le temps de m'occuper de la cuisine, on fera des bêtises !

— C'est vrai, corbleu ! la cuisine, je n'y pensais pas ! Et M. de Malicorne qui est fine bouche ! Eh bien, en outre, tu me dénicheras dans les auberges de Gravelines la meilleure cuisinière et tu me l'amèneras... je la réquisitionne... Va ! nous songerons ensuite au mobilier ! Dépêche-toi donc ! Cours donc ! Envoie-moi le sergent Bellehumeur.

Le sergent Bellehumeur justement se présentait à la porte, suivi d'un paysan horriblement boueux et salé.

— Monsieur le Gouverneur, dit Bellehumeur, voilà un homme de la campagne qui prétend avoir quelque chose de particulier à vous dire.

— Bon ! pensa Bellormeau sans se retourner, pourvu que ce ne soit pas encore un cousin de là-bas... Plus tard, demain, je n'ai pas le temps !

Pépin Lormel, vas-tu te dépêcher d'exécuter mes ordres...? Je suis très occupé, Bellehumeur, renvoie ton homme...

— Service du roi ! dit le paysan s'avançant malgré le sergent Bellehumeur, ordre de M. le cardinal.

— Oh ! oh ! exclama Bellormeau sursautant, pendant que Bellehumeur et Pépin Lormel regardaient avec surprise l'homme qui, tout à coup, changeait d'allures.

L'HOMME FENDIT DÉLICATEMENT LA MICHE DE PAIN.

De la main, Bellormeau fit signe au sergent et à Pépin de sortir. Le paysan semblait à bout de souffle et s'appuyait au mur pour ne pas tomber ; après avoir haleté un peu, il tira d'un bissac qu'il portait en bandoulière une grosse miche de pain très noir et peu appétissant qu'accompagnaient quelques saucisses.

— Eh bien ? fit Bellormeau étonné.

— Voilà, Monsieur le Gouverneur.

L'homme prit un couteau, fendit délicatement la miche de pain et en tira une lettre pliée et repliée, pas beaucoup plus large que le cachet rouge qui la fermait.

— Ordre de M. le cardinal ! dit l'homme ; je galope depuis Paris sans avoir pris plus de quelques heures de repos et, pendant la dernière partie de ma route, j'avais à ouvrir l'œil pour éviter la rencontre possible des batteurs d'estrade espagnols... On a signalé à M. le cardinal du mouvement dans les lignes ennemies, la campagne va se rouvrir... Attendez-vous à la reprise rapide des hostilités !

— Ah ! ah ! dit Bellormeau qui, très minutieusement, examinait le cachet de la missive.

— N'ayez aucune défiance, monsieur de Bellormeau : vous me connaissez, vous m'avez vu chez M. le marquis de Bury.

Bellormeau regarda le messager du cardinal.

— En effet, je vous reconnais maintenant, c'est bien ; vous étiez parfaitement déguisé.

Il rompit le cachet et lut rapidement ce qui suit :

« Ordre à M. de Bellormeau de mettre la place de Gravelines en état de résister à toute attaque ou surprise de l'ennemi, d'inonder immédiatement les abords de la place en rompant digues et portes des canaux, de couper sur l'heure même qu'il ouvrira cet ordre toutes les communications de la ville. Le gouverneur est averti d'avoir à craindre les pièges de l'ennemi et de se défier de ses émissaires et de ses espions, qu'il devra traiter sans sursis selon les lois de la guerre.

« Ordre de garder la place à tout prix : le Roi compte sur M. de Bellormeau pour lutter sur sa dernière pierre, jusqu'au dernier homme, sans attendre ni espérer de secours.

« Jules Mazarin. »

— Bon, pensa Bellormeau, voilà M. de Malicorne, M^{me} et M^{lle} de Malicorne fort empêchés pour arriver à Gravelines maintenant ! Ils vont bien vite rebrousser sur Paris aux premières nouvelles de la guerre ! Ouf ! je respire !

Le timide Bellormeau se frotta joyeusement les mains.

— Je puis partir? demanda le messager ; j'ai à rendre compte de ma mission, je suis aux trois quarts mort de sommeil et de fatigue, mais e ne me reposerai que lorsque je me sentirai hors de portée des griffes le l'ennemi.

Bellormeau, debout à sa table, écrasait sa plume sur le papier :

« Je perdrai s'il le faut ma deuxième jambe, ma deuxième oreille et la tête avec, mais je conserverai Gravelines au Roi.

    « Le gouverneur de Gravelines

                   « BELLORMEAU. »

— Partez, voici le reçu de votre dépêche : derrière vous personne ne sortira plus de Gravelines !

. Le paysan introduisit délicatement le billet dans sa miche de pain, salua et fut dehors en un instant.

Bellormeau derrière lui s'élança.

— Sergent Bellehumeur, allez faire lever les ponts-levis des deux portes, doublez les postes, faites battre l'alerte en ville. Ordre à M. de Hurtebise d'accourir ici à l'instant!

IV

*Preparatifs de réception. Les canons du sergent Bellehumeur.*

M. de Hurtebise n'était pas loin; il arriva comme Bellormeau était en train de consulter hâtivement le plan de la place et de ses abords.

— Eh bien, Monsieur le Gouverneur, y aurait-il du nouveau? Le sergent Bellehumeur arrive pour me chercher, tout à trac, avec sa mine des grands jours!

— Ecoutez, répondit Bellormeau.

A deux pas de l'hôtel, sur la grande place de Gravelines, le tambour résonnait à grands coups de baguettes.

— L'alerte, fit Hurtebise dont la figure martiale prit une expression joyeuse.

— Un messager de M. le cardinal vient d'accourir à franc étrier pour me prévenir de la reprise imminente des hostilités. M. le cardinal m'avertit d'une pointe probable de l'ennemi sur Gravelines et me donne l'ordre d'avoir à me défendre jusqu'au dernier homme.

— Corbleu, nous allons le recevoir convenablement, l'ennemi ! s'écria Hurtebise.

— Pas un instant à perdre pour nous mettre en situation de faire bien les choses... Et craignons une surprise ! A cette heure les ponts-levis sont levés et les postes doublés, mais nous avons bien des mesures à prendre. Il faut que dans deux heures tout soit prêt... que la garnison et la population de Gravelines soient en état de se bien comporter.

M. de Hurtebise était un gentilhomme de mine assez peu commode, de caractère brusque, un brave et rude soldat endurci par quinze années de service et presque autant de campagnes.

Il frappa joyeusement du poing sur la table.

— Tout sera prêt ! Et si quelqu'un bronche, comptez sur moi pour... Enfin, le régiment de Picardie réclamait de la distraction, il va en avoir !

— Les vivres? demanda Bellormeau.

— Voici le point délicat. Je n'ai pas l'état exact des vivres, mais la garnison n'en a pas pour plus de huit jours en magasin.

— Votre lieutenant, M. de Juzaime, va prendre trente hommes et s'en aller rapidement faire le tour des fermes et des villages à une demi-lieue de la ville... il enlèvera tout ce qui se trouvera de bestiaux et de grains...

— Ça sera fait et bien fait ; le lieutenant est gourmand, il tiendra garni notre garde-manger.

— De plus, faites sonner la cloche du beffroi et prévenez les habitants que, pour ceux qui ne voudront pas rester exposés aux dangers d'un siège, les portes seront ouvertes tout à l'heure. Allez, je vais m'occuper pendant ce temps des ponts à couper et des écluses à lever pour nous isoler...

Dix minutes après, Bellormeau, à l'avancée de la porte de Calais, vit passer le lieutenant de Juzaime s'en allant avec ses trente hommes et deux charrettes à la recherche des provisions.

— Faites vite ! lui cria-t-il.

— Vite et bien ! répondit le lieutenant.

Au même instant, la cloche du beffroi fit entendre quelques coups lugubres annonçant aux habitants des nouvelles désagréables.

Bellormeau examina ses hommes. C'étaient tous gaillards ayant déjà vu bien des choses et fait un certain nombre de campagnes, un peu tapageurs en garnison, un peu maraudeurs en guerre, mais en somme presque tous d'élite; ils se plaignaient, la veille, d'être un peu engourdis par l'inaction dans Gravelines, où les distractions n'abondaient pas, mais on voyait que la nouvelle de la reprise soudaine de la guerre venait de les réveiller.

Un peu nerveux, moustaches déjà relevées, chapeaux campés plus de côté sur la tête, ils fourbissaient leurs mousquets en examinant bassinet et batteries avec attention pour en préparer le bon fonctionnement.

En avant de l'avancée, on voyait le factionnaire, le mousquet sur l'épaule, la mèche allumée entre les deux derniers doigts de la main, surveiller l'horizon avec attention.

— Deux cents fantassins de Picardie, douze cavaliers et quinze canonniers, se disait Bellormeau, c'est peu pour garder Gravelines! J'ai suffisamment de munitions, heureusement, mais huit canons seulement, corbleu! ce n'est guère! Je vais les mettre tous en batterie sur les deux bastions nord-est; évidemment, c'est le côté de la porte de Dunkerque qui subira le choc.

Il s'en fut, avec le sergent des canonniers, déterminer l'emplacement de ses canons en deux batteries sur les bastions terrassés flanquant la vieille porte de Dunkerque. Les hommes de garde le virent grimper sur le talus, très alerte, malgré sa jambe de bois, arpenter rapidement les bastions, indiquer des emplacements avec sa canne et exciter vigoureusement l'activité des canonniers.

— Bon! fit un soldat en riant, M<sup>lle</sup> de Bellormeau a repris sa prestance et son plumet sur l'oreille; ça ragaillardit M. le Gouverneur de savoir l'ennemi si près; je reconnais mon petit lieutenant Bellormeau d'avant Landrecies et la jambe de bois.

— Il y a du plaisir à courir à la danse avec lui!

— En avant deux, Picardie, la musique va commencer!

M. le gouverneur descendait le talus de ses bastions aussi lestement qu'il les avaient escaladés. On voyait qu'il oubliait tout à fait sa jambe de bois et n'en entendait plus le tac-tac sec sur le sol si horripilant pour son esprit.

— Eh bien ! où est le sergent Bellehumeur ? demanda-t-il.

— Dehors avec quelques hommes, Bonnescuelle, La Rose, Va-bon-train et Beausoleil.

— Que fait-il hors de l'avancée, une patrouille ? fit Bellormeau s'avan-çant sous la porte dont on avait baissé le pont-levis.

SES QUATRE HOMMES RAPPORTAIENT DEUX VIEUX MATS DE BATEAU.

Justement le sergent Bellehumeur reparaissait avec ses quatre hommes rapportant sur leurs épaules deux vieux mâts de bateau au goudron écaillé.

— Eh bien, Bellehumeur, à quoi perdez-vous votre temps ? Nous ne sommes pas en hiver ; vous n'avez pas à faire de provisions de bois de chauffage.

— Faites excuse, Monsieur le Gouverneur, ce n'est pas du bois de chauffage, ce sont des mâts de bateau....

— Je le vois bien.

— ... Que j'ai été quérir sur le bord du canal, où je vais retourner en enlever quelques autres.

— Etes-vous fou ?

— Monsieur le Gouverneur, nous n'avons que huit canons. Quand messieurs les Espagnols vont voir ceux-là crachant boulets et mitraille, ils leur tireront leurs chapeaux très respectueusement ; mais ne voyant rien sur les autres bastions de la ville, ils seront moins respectueux.

— Que voulez-vous Bellehumeur, nous tâcherons de nous servir convenablement de nos huit pièces.

— En allant faire sonner le tocsin du beffroi, Monsieur le Gouverneur, j'ai découvert dans un coin trois ou quatre vieilles couleuvrines rouillées qui dormaient sous la poussière. C'est hors d'usage, ça ne vaut plus rien, mais j'ai pensé que tout de même...

— J'ai compris votre idée, Bellehumeur ; parfait, nous allons placer vos vieilles couleuvrines bien en évidence sur les bastions peu exposés, cela pourra toujours en imposer de loin à l'ennemi !...

— Oui, mais quatre couleuvrines, c'est une maigre garniture ; alors, j'ai eu une autre idée.

Bellehumeur frappa sur ses tronçons de mâts ; Bonnescuelle, Vabon-train, La Rose et Beausoleil éclatèrent de rire.

— Très bien ! fit Bellormeau, je saisis votre seconde idée.

— Nous allons, avec votre permission, Monsieur le Gouverneur, couper proprement nos mâts et en faire une belle douzaine de canons, auxquels nous trouverons le moyen d'arranger de beaux affûts avec des roues de charrette, et nous les placerons en batterie aux bons endroits, bien visibles sur le rempart... Ils ne mordront pas, c'est entendu ; mais, ce qu'on leur demande, c'est d'avoir l'air bien méchant ; en envoyant de temps en temps en tapinois un vrai canon qui tirera un boulet ou deux, les Espagnols n'y verront que du feu ! Si vous y consentez, Monsieur le Gouverneur, nous mettrons au milieu deux vraies pièces qui salueront les premières messieurs les Espagnols quand ils se présenteront, afin de leur donner tout de suite grande opinion de l'armement de la place.

— Bellehumeur, mon ami, vous êtes le plus luron des sergents de Picardie.

— On n'a pas pour rien une vingtaine de campagnes sur le dos, Monsieur le Gouverneur ; et puis, j'aime m'amuser, moi !

BELLEHUMEUR S'ÉTAIT IMPROVISÉ FABRICANT DE CANONS.

— Eh bien, allez placer vos canons de bois le plus vite possible.

Bellormeau se hâta de courir à d'autres soins ; il avait à faire couper quelques ponts en avant des remparts de la ville et à détruire les écluses es digues. Les vieux remparts de Gravelines étaient entourés de larges ssés remplis par l'eau de mer ; cette défense pouvait par la rupture des gues sur quelques points se trouver doublée par des lignes de canaux et ar des marécages difficiles à franchir.

Cette besogne prit deux heures au gouverneur. Quand il revint, l'eau ommençait à se répandre un peu partout, à noyer les prairies, formant de éritables lacs autour de quelques fermes isolées que leurs habitants avaient ussitôt évacuées.

Bellehumeur, improvisé fabricant de canons, avait fini de son côté.

Il était rentré au poste, où M. de Hurtebise était en train de le compli-
nenter.

— Monsieur le Gouverneur, comme vous pouvez le voir, mes pièces ont en batterie, dit-il.

— Je les ai aperçues, sergent ; elles font bon effet et je n'ai pu distin-
uer les vrais canons des autres.

— Et voici M. de Juzaime qui revient avec ses charrettes, fit M. de
Jurtebise.

— Eh ! eh ! pas très chargées, les charrettes, dit Bellormeau.

Le lieutenant, la mine assez basse, faisait passer le pont-levis à ses charrettes à peu près vides. En arrière, les hommes poussaient une demi-
douzaine de vaches qui beuglaient désespérément, en bestiaux peu soucieux de l'honneur de participer à la défense de la place.

— Eh bien, Juzaime, c'est tout ce que vous rapportez pour assurer nos festins futurs ? dit M. de Hurtebise en fronçant les sourcils.

— Des choux et des salades, des salades et des choux, répondit piteu-
ement Juzaime, plus dix porcs, quelques veaux et six vaches. C'est aujour-
l'hui marché à Calais, les gens étaient partis avec bétail et provisions ; voilà tout ce que j'ai pu ramasser... C'est maigre pour une garnison de deux cent vingt-sept hommes !

— Sans compter nous, les officiers, dit Hurtebise.

Oui, sans compter nous... plus environ huit cents Gravelinois.

— Les bouches inutiles, fit Hurtebise.

— Ah ! demanda le gouverneur, combien est-il parti de Gravelinois tout à l'heure par la porte de Calais?

— Environ trois cents.

— Restent cinq cents habitants, deux cent trente hommes de garnison...

— Plus quatre ou cinq compatriotes de M. le Gouverneur, dit Hurte-

SUIVI DE DEUX CAVALIERS, BELLORMEAU PARTIT AU GRAND TROT.

bise en riant. Tenez, monsieur de Bellormeau, les voici là-bas, très inquiets, autour de Pépin Lormel dont vous avez fait votre majordome...

— Je les oubliais, fit le gouverneur ; je pense qu'ils voudraient bien s'en retourner à Bellormeau, en Picardie... Nous verrons plus tard ce que nous en ferons !

— Je continue, dit Hurtebise, à façonner des palissades et chevaux de frises et à préparer des gabions...

— Continuez, dit Bellormeau. Je vais, avec deux cavaliers, passer une dernière inspection à Fort Pilippe. Faites bonne garde pendant ma courte absence. Vous connaissez les ordres de M. le cardinal : tout individu suspect se présentant aux abords de la place, pendu immédiatement, sans rémission !

— Soyez tranquille, Monsieur le Gouverneur !

Bellormeau monta aussitôt à cheval et, suivi de deux cavaliers, partit au grand trot sur la berge de la rivière de Gravelines, à l'embouchure de laquelle se dressaient les vieilles murailles de Fort Philippe.

— Quelle chance que cette alerte ! se disait-il. M. de Malicorne allait me tomber sur les bras, quand je n'avais rien de prêt pour faire une réception convenable à la famille de ma fiancée et à ma fiancée elle-même.. Maintenant, nous verrons après la campagne... !

# V

*Un petit voyage qui commence bien et menace de finir mal.*

Contrairement aux espérances de Bellormeau, M. de Malicorne avec Madame et Mademoiselle de Malicorne, sans oublier le beau-frère Grabel se trouvaient en route pour venir contempler le futur gendre dans tout l'appareil de ses hautes et importantes fonctions de « *Gouverneur pour le roy des ville et place forte de Gravelines, Fort Philippe et autres lieux circonvoisins* ». Et au moment même où M. de Bellormeau, se réjouissant à part lui de la guerre qui allait reculer de quelques mois au moins une entrevue dont sa timidité s'effarouchait déjà un peu, se dirigeait au grand trot vers Fort Philippe, annexe de la cité confiée à sa garde, le carrosse contenant la famille Malicorne arrivait en vue du clocher de Gravelines, petite tour bleuâtre à l'horizon, se détachant sur les deux bleus réunis de la mer et du ciel parmi des verdures, des toits rouges et des moulins.

Ils étaient donc bien près de lui, venant de Malicorne, à deux lieues un quart au-dessus d'Amiens, voyageant joyeusement, sans se douter le moins du monde des périls de guerre vers lesquels ils couraient.

La terre de Malicorne se trouvait tout naturellement entourée de voisins et, naturellement encore, ces voisins avaient quelques petites brouilles et difficultés avec le possesseur de Malicorne. Ne prenez point Malicorne pour un château : c'est une grosse ferme qui s'intitule manoir parce qu'elle est flanquée d'une espèce de tour, où le fermier doit, par clause spéciale de son bail, héberger son propriétaire dans une chambre convenablement meublée, quand celui-ci vient toucher ses fermages ou visiter sa propriété. En temps ordinaire, la chambre du seigneur sert à ranger des sacs d'oignons, des graines, des fromages et différentes choses;

on en est quitte pour ouvrir les fenêtres et donner un coup de balai quand le seigneur annonce son arrivée.

M. de Malicorne avait donc acheté la terre avec les procès, pas très cher, car sous les procès succombait, ruiné aux trois quarts, le précédent propriétaire. La terre lui avait plu, surtout le nom, qui faisait bien et vous donnait un autre air que celui de Mazet, le nom de ses pères, sous lequel il avait fait fortune dans la draperie, à l'enseigne du *Chef St-Denis*, place Ste-Opportune. M. Mazet de Malicorne ne craignait point les procès. N'avait-il point un procureur dans sa famille, le beau-frère Grabel, qui s'y connaissait ?

— Avec un autre, mon cher Malicorne, lui dit le beau-frère Grabel après l'examen des papiers, ces procès pourraient encore durer une bonne quarantaine d'années... Moi, je me chargerais de les pousser jusqu'à cinquante, cinquante-cinq peut-être : chacun au Palais me connaît et l'on fait cas de mes capacités en procédure ; mais il faut compter que les procureurs de province n'ont pas nos lumières : cela irait donc très bien encore quarante ans...

— Eh ! fit alors Malicorne rembruni, que ne m'avez-vous dit cela plus tôt ?

— Laissez donc, mon ami ; il ne s'agit pas d'un autre, il s'agit de vous ! Je me fais fort d'en terminer en huit jours, à Malicorne, en causant avec les intéressés ! Ce sont noises vulgaires à propos de bornages, d'empiètements des uns ou des autres, de vieux droits inscrits sur des parchemins moisis ou égarés. Nous allons voir et vous arranger cela au mieux en une semaine, je vous le garantis... Mes confrères d'Amiens crieront comme chats qu'on écorche et se débattront comme diables qu'on rafraîchit d'eau bénite, mais l'intérêt de la famille avant tout !

M. de Malicorne s'était décidé. Belle occasion de prendre l'air des champs et de pousser jusqu'à Gravelines pour surprendre son futur gendre en son gouvernement.

Madame et Mademoiselle de Malicorne charmées du voyage s'étaient empressées. Les préparatifs n'avaient point traîné, de sorte que deux jours seulement après en avoir formé le projet, les Malicorne roulaient sur la grande route en compagnie de Mᵉ Antoine Grabel et du second clerc de ce dernier, le jeune Eustache Tatin, fils d'un procureur normand complétant son éducation dans les meilleures études de Paris.

Le carrosse était un monument, une énorme caisse datant des commencements du règne de Henri IV et provenant des écuries de M. le duc d'Epernon. M. de Malicorne l'ayant acheté d'occasion peu auparavant, l'inaugurait presque par ce voyage. Avec un sentiment de satisfaction quelque peu vaniteux, il se carrait dans l'imposant véhicule, à ses yeux, suprême constatation de son élévation et quelque chose comme un castel ambulant.

Contrairement à l'opinion généralement répandue que parole de procureur n'est point mot d'évangile et que huitaine de jours peut très bien signifier trois ans ou davantage, le procureur Grabel aidé de son clerc Tatin, trouva en quatre jours le moyen de tout arranger, querelles et difficultés avec le voisinage de Malicorne.

Malicorne en fut émerveillé. Il semblait que Grabel n'eût qu'à souffler dessus, pour que tous ces vieux procès sur lesquels d'autres procureurs s'escrimaient depuis si longtemps, s'évaporassent pour ainsi dire, laissant maisons debout et clients bien portants se frottant les mains.

En sorte que le cinquième jour, les Malicorne et les Grabel s'empilaient de nouveau dans le grand carrosse, et fouette cocher sur la route de Gravelines! Le carrosse était grand, M. d'Epernon ayant aimé ses aises, mais six personnes tiennent de la place, car il y avait aussi la chambrière de ces dames. M. de Malicorne était replet comme il sied à un homme riche, Madame de Malicorne jouissait d'une opulente santé, la chambrière était de même un peu forte, mais par bonheur et comme compensation, Mademoiselle de Malicorne était svelte, le procureur Grabel maigre et le clerc Tatin fluet comme l'ombre d'une canne. Une bonne distribution des personnes sveltes entre les personnes fortes avait tout équilibré. Mademoiselle de Malicorne dans le fond, entre son père et sa mère, la chambrière en face, calée entre Mᵉ Grabel et son clerc, le carrosse roulait sans heurts, balancé avec un assez fort tangage sur ses énormes courroies.

M. de Malicorne se frottait les mains avec satisfaction.

LES MALICORNE ET LES GRABEL S'EMPILÈRENT DANS LE CARROSSE.

— C'est beau la campagne, c'est réjouissant la nature, ça donne de l'appétit le grand air! disait-il. Décidément le Créateur a bien fait de nous donner tout ça! 

— Et des chevaux aussi pour nous traîner à raison de trois lieues à l'heure !

— Et un bon carrosse pour nous bercer, car positivement, Madame de Malicorne, ce mouvement me fait sommeiller ! C'est égal, je suis content aussi d'avoir pu passer par le village de Bellormeau... Comme tout s'ar-

LE CHATEAU FAIT ENCORE TRÈS BIEN DE LOIN.

range ! Nous avons pu passer en vue du castel de notre futur gendre avec simplement un petit détour de deux lieues. Nous avons donné le coup d'œil du propriétaire à nos terres et maintenant nous allons surprendre ce futur gendre en son gouvernement...! Je suis enchanté de Bellormeau, le château fait encore très bien de loin...

— Oh ! une ruine, dit Mme de Malicorne.

— Une ruine qui peut se raccommoder, madame, avec les bénéfices de notre gouvernement et les écus de notre beau-père, le bon M. de Malicorne ! Eh ! eh ! je vous vois dans peu d'années, passant quelques semaines de temps à autre chez nos enfants, M. et Madame de Bellormeau de Malicorne !... Bellormeau a de l'étoffe Madame, je m'y connais, il ira loin et haut !

— Et puis, dit Grabel, j'ai du flair. Il me paraît que les voisins ou les paysans de Bellormeau n'ont pas dû se gêner beaucoup avec les Bellormeau ruinés et partis. Si je m'en mêlais, vous verriez : quelques bons procès à droite et à gauche auraient vite fait de donner un peu d'air à ce pauvre castel tout démantibulé sur sa colline, cerné et enfermé de tous côtés par les voisins qui le dévorent! Vous verriez un peu !

M<sup>lle</sup> de Malicorne essayait en vain d'apercevoir le paysage par la portière du carrosse. Placée entre M. de Malicorne qui, renversé en arrière, étalait en soufflant son vaste abdomen, et Madame de Malicorne laquelle non moins surabondante, mais serrée dans son corset était obligée de tenir le buste bien droit pour ne pas étouffer, la pauvre enfant devait se contenter de voir filer le haut des arbres du chemin, les toits des villages ou la crête des collines au loin.

Mais ses parents pour qu'elle ne perdît rien, se chargeaient de lui décrire les beautés des sites traversés ou les menues distractions de la route.

— Laurette, vois-tu cette bande de canards effarouchés par le train de notre carrosse, qui se jette presque dans les jambes de nos chevaux au lieu de rester dans cette grande mare où elle n'avait rien à craindre?...

— Oui maman.

Laurette tendait le cou ne voyait rien, ni de la mare, ni des canards, et devait se contenter d'entendre les coins coins furieux des volatiles.

— Oh! des moulins à vent! Beaucoup de moulins par ici!... Celui-ci est très joli.

— Oui, papa !

— Laurette vois-tu le meunier et la meunière à leur petite fenêtre?... Ils nous saluent très respectueusement... Bonjour, bonjour, mon garçon !

Le moulin était loin, Laurette n'avait entrevu au passage que la moitié d'une aile tournant avec rapidité.

— Madame de Malicorne, fit M. de Malicorne avec solennité, maintenant que nous sommes gens de qualité, comprenez-vous l'erreur que nous aurions commise si jadis, ainsi que vous le vouliez, Madame de Malicorne,

nous avions donné à notre fille le prénom peu élégant de Pétronille?...
C'était un souvenir de votre tante, une excellente femme sans doute, mais
du commun...

— Pétronille n'est pourtant pas un vilain nom, et ma tante Pétronille était une sainte femme.

— N'importe, cela ne pouvait convenir à la fille d'importants com-
merçants comme nous étions déjà, cousins germains d'un échevin... jugez
un peu si maintenant Pétronille pourrait aller... Voyez-vous cela, Grabel,
M^{lle} Pétronille de Malicorne !

Malicorne et Grabel éclatèrent de rire.

M^{me} de Malicorne prit un air pincé.

— Ayez l'obligeance de ne pas rire de ma tante, dit-elle.

— Il n'est pas question de votre tante, je m'applaudis d'avoir trouvé
le prénom de Laurette qui est beaucoup plus distingué et plus en rapport
avec notre situation... Laurette, ma fille, remercie-moi. Je ne pense pas
que jamais M. le gouverneur de Gravelines eût songé à demander la main
d'une demoiselle Pétronille !

Tout en devisant de la sorte, et s'amusant aux distractions de la route,
en deux jours, de Malicorne situé entre Amiens et Abbeville, nos voyageurs
étaient parvenus en vue de Gravelines.

— De mieux en mieux, disait M. de Malicorne, la campagne est plate
mais belle, ça doit bien pousser par ici, vois comme tout est vert !... Et
la mer là-bas, vois-tu ce bleu, avec des petits points blancs? Penche-toi
Laurette; ah ! trop tard, c'est derrière les arbres...

M. de Malicorne se pencha hors de la portière et interpella le cocher
qui était le valet à tout faire de la famille.

— Thomas, dit-il, tu es bien sûr que ce sont les maisons de Gravelines que nous apercevons là-bas?

— Je le crois, Monsieur de Malicorne, répondit Thomas, c'est bien
la route qu'on m'a indiquée... Toujours tout droit qu'on m'a dit, mais au
cinquième calvaire, sur un pont, tournez à gauche. . j'ai tourné à gauche
mais je ne rencontre plus personne pour demander si c'est bien là...

— Pas de doute ! C'est Gravelines, je vois des remparts, des tours, ce sont les remparts et les tours de mon gendre !... Nous arrivons, il n'est que temps ; les chevaux sont fatigués de l'étape et je commence à avoir faim.

Les têtes de Malicorne et de Grabel se cognèrent en se rencontrant à la portière d'un côté et le corsage de M^me de Malicorne obstrua celle de l'autre côté. L'obscurité se fit dans le carrosse.

— Oui ! oui ! c'est bien cela, dit Grabel, des remparts avec des canons, voilà Gravelines.

— Et des soldats aussi là-bas dit Malicorne.

— Mais je voudrais voir M. de Bellormeau, fit M^me de Malicorne.

— Je l'ai prévenu de notre arrivée prochaine, répondit Malicorne, mais je n'ai pu lui indiquer de jour, et par conséquent il n'a pu venir au devant de nous... Nous allons le surprendre ! Il va être charmé, il est si aimable, si gracieux...

— Oui, dit M^me de Malicorne, c'est bien dommage cette blessure à la jambe...

— Vétille pour un soldat, madame, pure vétille ! blessure glorieuse ! Tout le monde voudrait avoir reçu à sa place ce boulet de canon qui lui a valu la faveur du roi...

Le cocher Thomas enveloppa ses chevaux d'un vigoureux coup de fouet et l'énorme carrosse se balançant sur ses courroies s'avança au galop du côté de Gravelines, les têtes de M. et M^me de Malicorne à la portière de droite, celles de Grabel et de son clerc à la portière de gauche.

— Voici la porte de Gravelines, enfin ! s'exclama M. de Malicorne. Hé, que de soldats ! cette porte est bien gardée, ma foi !... mais je ne vois toujours pas mon gendre. Je vais le demander... Hé, monsieur le sergent, s'il vous plait ?

— Halte-là ! commanda le sergent à qui M. de Malicorne s'adressait.

— Et comme Thomas n'arrêtait pas ses chevaux assez vite, il lui mit sa hallebarde sous le nez, de si près que Thomas dut faire faire un brusque écart à ses chevaux pour ne pas être embroché, et que dans le carrosse les voyageurs debout la tête à la portière, tombèrent sur les genoux de ceux qui étaient restés assis.

— Hola! hola! hola! disait Thomas qui portait la main à son nez et la regardait ensuite comme s'il croyait devoir la trouver rouge de sang.

— Hé là! hé là! hé là! disait M. de Malicorne, ces militaires vous ont des façons de saluer un peu brusques!... Eh bien, monsieur le sergent, M. de Bellormeau est-il en bonne santé?

Sans répondre, le sergent prit les chevaux par la bride et les fit marcher, tandis que derrière la voiture s'alignaient cinq ou six hommes, mousquet au poing et la mèche allumée.

« QU'ON DESCENDE ET PLUS VITE QUE ÇA! »

— Singulière façon de recevoir les gens, fit le procureur Grabel.

— Usage militaire, sans doute, répondit Malicorne; c'est sans doute pour nous faire honneur; M. de Bellormeau aura donné des ordres...

— M. le sergent s'il vous plaît? Ecoutez donc... M. le Gouverneur se porte-t-il bien?

— Silence dans les rangs! dit le sergent d'une voix brusque.

— Bon! dit un officier qui parut à l'entrée d'un petit ouvrage en terre protégeant la porte de Gravelines, amenez-moi ces gens-là, sergent Bellehumeur!

Le sergent Bellehumeur fit signe à ses hommes; deux d'entre eux

empoignèrent le cocher Thomas par les jambes et le mirent à terre sans
façon, pendant que les autres se rangeaient devant le carrosse, le mousquet appuyé sur la fourchette menaçant les voyageurs.

— Qu'on descende et plus vite que ça ! Avez-vous entendu? dit le sergent en ouvrant la portière d'un coup sec.

— Hein ! plaît-il ? fit M. de Malicorne ahuri par l'étrange accueil.

— Mon ami, dit Grabel au sergent, avez-vous entendu que Monsieur
vous demandait des nouvelles de la santé de M. le Gouverneur? Monsieur
est attendu par Monsieur le Gouv...

— Allons ! allons ! cria l'officier en frappant le sol à coups de canne,
ne parlementez pas avec ces gens, sergent, ce n'est pas votre affaire...
Amenez-les moi que je voie leur mine et préparez des cordes !·

Stupéfaits les voyageurs descendaient péniblement du haut carrosse,
sous la menace de ces mousquets braqués sur eux.

— Hem! hem! hem ! fit M. de Malicorne essayant de reprendre ses
esprits.

— C'est une plaisanterie de M. de Bellormeau, sans doute, lui souffla
Grabel à l'oreille, ces militaires ont parfois d'étranges fantaisies, laissons-
nous faire...

— Pas de conciliabules entre vous, reprit rudement l'officier qui
était le peu commode M. de Hurtebise, et, avancez!... Allons quatre
hommes pour rentrer le carrosse, bonne prise, les chevaux sont bons,
c'est toujours cela...

— Monsieur, fit Malicorne, seriez-vous assez aimable pour...

— Attendez que l'on vous interroge, vous !

— Assez aimable pour me dire si la santé de M. de Bellormeau...

— Est toujours aussi florissante ! continua Grabel voyant que la
mine de M. de Hurtebise faisait rentrer les mots dans la gorge de son
beau-frère. M. de Bellormeau est notre ami et j'oserai presque dire notre
gendre...

Un roulement de tambours assourdissant sous la voûte de la porte lui
coupa la parole à son tour, une forte escouade de soldats rangés devant
la porte à l'intérieur de la ville semblait les attendre.

— Que d'honneurs ! que d'honneurs ! murmura Malicorne assez mal à l'aise cependant.

— Vois-tu ma fille, dit M^me de Malicorne à Laurette, c'est une galante attention de M. de Bellormeau ; vraiment, on dirait qu'il a mis toute la garnison sur pied pour nous...

— Qui êtes-vous ? d'ou venez-vous ? que demandez-vous ? dit M. de Hurtebise en secouant M. de Malicorne par son justaucorps ; répondez net et vite, je n'ai pas beaucoup de temps à vous donner...

— Hé là ! hé là ! monsieur, fit le pauvre M. de Malicorne.

— Allez-vous répondre, ventrebleu ! qui êtes vous ?

— Je suis un ami de M. le gouverneur de Gravelines, ce cher M. de Bellormeau qui nous aime au moins autant que nous l'aimons et apprécions nous-mêmes...

— Tant pour ses qualités de digne et brave gentilhomme et soldat, continua Grabel que pour l'aménité de son commerce et la grâce de ses...

— Et qui va devenir, continua M^me de Malicorne sous peu de jours, notre...

— Je vous demande votre nom ! clama Hurtebise frappant le sol de sa canne.

— M. de Malicorne, de qui sans doute M. le Gouverneur vous aura parlé.

— En vous prévenant de... continua Grabel.

— Silence ! Et vous venez ?

— Nous venons d'Amiens pour...

— C'est bien, vous venez d'Amiens pour être pendus à Gravelines ; vous allez être servis tout de suite !

## VI

*Une journée de bien cruelles émotions pour M. de Malicorne*
*et pour ses compagnons de voyage.*

Malicorne et Grabel se regardaient plus stupéfaits encore que vraiment épouvantés.

— Vous dites? Hein? Quoi? Plaît-il? Pendus? firent-ils d'une voix étranglée pendant que Mme et Mlle de Malicorne effarées s'appuyaient ou plutôt se laissaient tomber sur l'herbe d'un talus.

— Mon cher monsieur, c'est comme j'ai l'honneur de vous le dire. Préparez-vous.

C'était inouï vraiment, cette réception brutale et ces menaces! Quoi, c'était ainsi que M. de Bellormeau recevait son futur beau-père et sa future famille! Non! il devait y avoir là-dessous quelque plaisanterie par trop soldatesque ou bien quelque méprise facile à dissiper d'un mot.

— Permettez, dit le procureur Grabel, essayant de rire, M. de Bellormeau nous la baille bonne, mais...

— Voyons, fit Malicorne, une bonne fois, où est M. de Bellormeau?

— Inutile de le demander, répondit Hurtebise, j'ai des ordres pour vous recevoir!... Çà! des cordes et qu'on les pende aux arbres du rempart!

— La plaisanterie est bonne, dit Grabel, très bonne, Monsieur, je vous le répète, mais elle est un peu longue... Voyez l'effet sur les dames.

— Est-ce que j'ai l'air de plaisanter? rugit M. de Hurtebise; je ne plaisante jamais dans le service et vous allez vous en apercevoir!... Je vous dis que j'ai la consigne de M. de Bellormeau. Selon les instructions de Monsieur le cardinal, et elles sont très nettes et très précises, tout émissaire de l'ennemi qui cherchera à pénétrer dans Gravelines pour s'aboucher avec le gouverneur ou la population, sous quelque prétexte que ce soit, sera pendu sur l'heure et sans rémission.

— Emissaires de l'ennemi, nous?

— Nous qui...

— Silence! je ne discute pas, je vous dis, j'exécute mes ordres! Vous êtes trois hommes, quatre avec le cocher, cela fait quatre cordes!... Pour ces dames M. de Bellormeau verra tout à l'heure ce qu'il doit faire... Mais que tout se fasse diligemment, on n'a pas de temps à gaspiller en campagné, dans une ville en état de siège...

— En état de siège?... Gravelines? .. la guerre est donc reprise?... gémit M. de Malicorne.

— Ne faites donc pas l'innocent! Emissaire des Espagnols, vous savez mieux que moi où en sont les choses... Mais encore une fois, pas de conversations inutiles et ne perdons pas de temps... Sergent Bellehumeur, des cordes!...

— En voici, monsieur, quatre, bonnes et solides!

— C'est bien, accrochez ces messieurs aux arbres derrière le poste!...

EUSTACHE TATIN, JEUNE HOMME PLEIN D'AVENIR.

— Vous êtes fou, monsieur l'officier s'écria Grabel! Pendre Me Antoine Grabel, procureur au Parlement de Paris, ayant étude rue de la Licorne en la Cité, accompagné de son second clerc Eustache Tatin! Il ferait beau voir une chose pareille!... Emissaire des Espagnols? moi, Antoine Grabel, lui mon beau-frère Malicorne! Mais je vais vous démontrer le ridicule de cette accusation...

— Ventrebleu! quand je vous dis que ma consigne est de ne pas discuter et de ne pas vous entendre! cria M. de Hurtebise : sergent Bellehumeur, aux arbres!

— Monsieur, il y a une petite difficulté! dit Bellehumeur de sa plus douce voix, un peu enrouée mais qui parut musique céleste à Malicorne et à Grabel.

— Laquelle? demanda sèchement Hurtebise.

— Nous n'avons plus d'arbres sur le rempart, on vient de les couper pour faire des palissades et des chevaux de frise.

— Cherchez autre chose, sergent!

— Mais enfin, où est M. de Bellormeau? s'écria Malicorne. Allez le quérir, et s'il ne nous reconnaît pas, s'il nous prend aussi pour des émissaires de l'ennemi, je consens à m'accrocher moi-même, de mes propres mains, à la première potence venue!

— Nous ne pouvons pas mieux dire! appuya Grabel.

— M. le Gouverneur est en tournée d'inspection à Fort Philippe à une demi-lieue d'ici, repartit le capitaine, je n'ai pas de temps à perdre en vaines discussions.

— A une demi-lieue d'ici, mais c'est tout près, laissez-nous aller le chercher.

— Ma consigne est de vous pendre sans discuter, je n'ai déjà que trop tardé...

— Mais envoyez le chercher par un de vos hommes!

— Distraire un homme du poste quand, d'un instant à l'autre, nous pouvons être attaqués par les Espagnols, vous n'y pensez pas... Allons, j'ai beaucoup à faire, qu'on se dépêche!

Malicorne et Grabel levèrent les bras au ciel.

— Un instant, monsieur, dit Grabel, voici des bourgeois qui pourraient faire la petite course de Fort Philippe, pour prévenir M. de Bellormeau du malheur qui se prépare ici...

Ces bourgeois étaient les cousins de Bellormeau qui, attirés par le bruit derrière les soldats, suivaient la scène d'un air inquiet.

— Oui! Oui! s'écria Malicorne sans attendre la permission de Hurtebise: voyons, mes amis, lequel de vous veut gagner dix écus pour courir à Fort Philippe à toutes jambes, pour dire à M. de Bellormeau que l'on veut pendre son beau-père, son bel-oncle et quelques autres personnes par dessus le marché... et qu'il revienne bien vite pour nous tirer de là? Avez-vous compris? Dix écus pour la course d'ici à Fort Philippe!

— Moi! Moi! firent les gens de Bellormeau en se précipitant, heureux de l'aubaine qui leur arrivait enfin, après des jours d'attente.

— Allez-y si vous voulez, mais je vous préviens, dit Hurtebise, que les Espagnols peuvent survenir d'un moment à l'autre et qu'alors il y aura sur la route des coups de canon et de mousquet... Maintenant qu'on se dépêche! Sergent, cherchez toujours un clou, une poutre quelconque pour accrocher les cordes.

« ALLONS, MILLE ÉCUS! »

Les gens de Bellormeau se reculèrent très refroidis par l'avertissement.

— Vingt écus! s'écria Grabel.

— Cinquante écus! fit désespérément Malicorne.

— Cent écus!

Les gens de Bellormeau se regardaient. Ils hésitaient: cent écus c'est beau mais la possibilité de rencontrer des balles sur la route n'avait rien de tentant.

— Allons, mille écus!

Ils hochaient la tête et s'en allaient aux meurtrières de la porte regarder du côté de la campagne où des soldats en hâte plantaient des chevaux de frise sous la protection d'une escouade veillant la mèche allumée. Non, décidément cela n'avait pas bonne mine, il y avait trop de menaces de danger dans l'air.

— Sergent, dit un homme qui rentrait dans le poste, vous savez, il y a tout près, à deux pas, l'enseigne du *Lion de Flandre*, le cabaret qui a de la si bonne bière...

— Ah! oui répondit le sergent, à quoi pensions-nous donc, cette enseigne, ça pourrait servir...

Par la pantomine il compléta l'explication. Malicorne comprit; il frémit et s'écria :

— Cinquante mille livres, pour courir chercher M. le Gouverneur! si près d'ici, une petite course de rien du tout... Cinquante mille livres, une fortune! allons! à qui?

Ce chiffre majestueux décida cette fois les gens de Bellormeau. Tous avec ensemble se précipitèrent la main levée oubliant le danger possible.

— Moi! Moi! Pas toi, Baptiste, je l'ai dit le premier! Moi! Moi! J'irai! Je cours! Moi! J'ai des jambes de cerf!

Malicorne respira.

— Nous disons donc, fit-il, que peut-être quarante mille livres...

— Moi! moi!

— Eh bien, moi, dit un autre, j'irai pour trente mille!

— C'est trop cher, dit Malicorne.

— Beaucoup trop cher, dit Grabel. Il me semble que dix mille...

— Laissez, j'irai, moi!

— Et moi pour huit!

— Monsieur! moi pour cinq!

— Un instant, reprit Malicorne : tout à l'heure vous étiez prêts pour dix écus... Vous savez que c'est l'affaire d'un quart d'heure, vingt minutes... Voyons y êtes-vous? Ne vous disputez pas!

Les gens de Bellormeau étaient presque sur le point de se gourmer; ils se poussaient les uns les autres et se regardaient avec des yeux furieux.

— Pour vous arranger, vous allez courir là-bas, tous. Vous êtes huit;

il y aura un demi-écu pour chacun, mais vous vous dépêcherez ; vous préviendrez M. de Bellormeau et vous le ramènerez au triple galop ! Courez !

— Allons donc, clampins ! disaient les soldats en riant, vous voyez que ces messieurs sont pressés !

Les gens de Bellormeau, assurant à coups de poing leurs chapeaux

« CETTE ENSEIGNE, ÇA POURRAIT SERVIR ! »

sur la tête, franchirent le pont-levis en maugréant les uns contre les autres et en se bousculant.

— Et plus vite que ça donc ! cria Malicorne.

— Bon ! dit après un instant le procureur Grabel qui regardait anxieusement par les meurtrières, ils détalent !

— Avec ce train-là, ils en ont pour un quart d'heure, dit un factionnaire du haut du rempart.

M. de Hurtebise était allé donner un coup d'œil aux palissades que l'on plantait en avant du chemin de ronde, le long du fossé.

4

Malicorne et Grabel respirèrent un peu. Madame de Malicorne crut pouvoir revenir de son évanouissement.

— Ah! Monsieur de Malicorne! soupira-t-elle, voilà donc où nous a conduits votre soif des grandeurs! Les gendres de la bourgeoisie n'ont pas pour habitude de faire pendre leur beau père, leur belle-mère et leur bel-oncle, mais il vous faut de la noblesse! Vous avez voulu un officier, un de ces traîneurs de rapière qui ne songent qu'à couper leur prochain en morceaux...

— Allons-nous bientôt en finir? cria M. de Hurtebise sur le pont-levis de l'autre côté de la porte : je né puis pourtant pas être partout à la fois, à l'achèvement de nos défenses et aux pendaisons d'espions!

Bellehumeur agita sa corde sous le nez de Malicorne qui recula.

— Allons, messieurs, dit-il en affectant la plus suave politesse, nous avons une petite affaire à terminer ensemble, je suis tout à vous ; si vous voulez prendre la peine de me suivre!

— Gagnons du temps, glissa Grabel tout bas à son beau-frère.

— Je proteste contre les violences! cria Malicorne.

— Je demande à écrire à Monsieur le Cardinal! fit Grabel : qu'on m'apporte un papier et une écritoire!

— Et il faudra peut-être attendre la réponse? fit sarcastiquement le sergent Bellehumeur.

— Certainement!

Bellehumeur et les soldats éclatèrent de rire. Bellehumeur perfectionna le nœud coulant de sa corde.

— Evanouis-toi encore, glissa Malicorne à l'oreille de sa femme.

M$^{me}$ de Malicorne joua consciencieusement son rôle et après avoir battu l'air de ses mains crispées, s'arrangea pour tomber entre les bras du sergent.

— Un instant, un instant, madame, fit le sergent, je n'ai pas le temps de vous bassiner les tempes avec du vinaigre, je n'ai pas de flacon de sels dans ma giberne, donc, permettez-moi de vous déposer sur le gazon pour m'occuper de la consigne...

Mais il avait à faire à forte partie. Madame de Malicorne continuait à se débattre et à s'accrocher à ses buffletteries.

MADAME DE MALICORNE TOMBA DANS LES BRAS D'UN SERGENT.

— Çà! Çà! madame, s'il vous plaît, bas les ongles! Il n'est pas nécessaire de me griffer, mille diables! Je tiens à ma figure... vous êtes donc un Espagnol déguisé? Allons donc, la Rose, Bonnescuelle, qu'on vienne à mon secours!

Il fallut quelques minutes aux soldats pour venir à bout de Madame de Malicorne qui criait à sa fille de s'évanouir à son tour, de la même façon qu'elle. Mais la recommandation était inutile: M<sup>lle</sup> de Malicorne s'était évanouie pour de bon sur le talus et ne donnait aucun embarras aux soldats.

Seule, la chambrière obéit ponctuellement à sa maîtresse, et se débattit à son tour, renversant presque en tombant deux ou trois soldats avec elle.

— Holà! holà! firent les soldats qui ne se piquaient point de belles manières ainsi que leur sergent, un seau d'eau vite, pour faire revenir Madame!

— Très bien! Suzon! continuez, c'est toujours du temps de gagné.

— Allons! allons! dit le sergent Bellehumeur, nous ne

LA CHAMBRIÈRE OBÉIT PONCTUELLEMENT A SA MAITRESSE.

pouvons pourtant pas rester les bras croisés en attendant M. de Bellormeau... Par lequel de ces messieurs allons-nous commencer? Voyons, voyons, décidons-nous!... Monsieur, par exemple?

Et il désigna Grabel qui fit un bond en arrière.

— Du tout! du tout! moi je ne suis pas le chef de la famille... j'accompagne seulement Monsieur...

— Je n'ai pas de préférence : à Monsieur alors!

— Jamais! Jamais! cria Malicorne. Vous savez, Grabel, quelle déférence j'ai toujours montrée pour vous. La fortune m'a favorisé, mais j'ai

toujours reconnu la supériorité de votre caractère et de votre éducation :
je ne consentirai jamais à passer devant vous.

— Je vous cède le pas, mon ami...

— Je ne le prendrai pas dit Malicorne !

— Au troisième alors ! fit Bellehumeur. Voyons, pas tant de façons :
il faut bien en finir !

— C'est cela, s'écrièrent Malicorne et Grabel poussant le clerc Eustache Tatin en avant, c'est cela !

— Hein ? fit le jeune clerc, mais tout ça n'est pas mon affaire, à moi !

Je suis un simple clerc,
mon patron m'a amené ici
pour les écritures, et non
pour être pendu... tout ça
ne me regarde pas, je ne
sais ce que l'on nous veut !
je demande à m'en aller !

— Allez donc, mon
ami, c'est pour gagner du
temps... Tenez, je double
vos appointements.

— Jamais ! Un simple

« JE VOUS CÈDE LE PAS, MON AMI. »

clerc de procureur, je vous dis, sergent, peu payé et pas très bien nourri...

— Fi, Tatin, fi ! dit le procureur, voilà donc la récompense des soins que
je prends de votre éducation en procédure ? Fi ! vous vilipendez ma maison !

— Vous nous gagnez du temps, mon ami ! ajouta Malicorne, voyons !...

— En route ! dit le sergent impatienté, le capitaine va se mettre tout
à fait en colère tout à l'heure ! Cette enseigne de cabaret fait très bien
notre affaire, nous allons commencer au hasard, puisque vous ne pouvez
pas vous entendre !

Les soldats avec les crosses de leurs mousquets poussaient déjà le
clerc Tatin du côté de la fatale enseigne, lorsqu'un cri du factionnaire en
haut du rempart domina le bruit des protestations.

— Voici Monsieur le Gouverneur qui revient !

# VII

*Suite des émotions. Après les cordes, les boulets de canon et les balles de mousquet.*

Il était temps, car un habitant complaisant prêtait déjà au sergent une échelle pour aller attacher la corde à la potence improvisée. Tous les soldats suspendant les préparatifs regardèrent du côté de la porte.

Il se passa ainsi quelques minutes pendant lesquelles le clerc Talin fit de tristes réflexions sur ce beau voyage avec son patron, qui avait si bien commencé et menaçait de finir si mal.

Grabel et Malicorne respiraient à peine.

— Eh bien, arrive-t-il? demanda Malicorne au sergent qui maugréait: il me semble qu'il ne se presse guère de venir dépendre son beau-père !

Un bruit de galop retentit sous la voûte, un cavalier sans chapeau, les cheveux en désordre, apparut brusquement en bousculant presque le groupe de soldats au milieu desquels se débattaient Malicorne et Grabel.

C'était M. le gouverneur Bellormeau, à bout de souffle, ainsi que son cheval.

— Ouf! fit-il en les voyant debout et gesticulant, j'ai eu une belle peur.

— Pas tant que nous, Monsieur, répondit aigrement Grabel; c'est ainsi que vous nous recevez !

— Tout va s'expliquer ; voyons qu'y a-t-il, M. de Hurtebise?

M. de Hurtebise accourait de l'avancée, suivi d'un soldat qui avait ramassé le chapeau de Bellormeau.

— Eh bien! que me dit-on, capitaine? On galope me chercher à Fort Philippe parce que vous...

— Oui, Monsieur le Gouverneur, je... j'allais... alors, c'est donc vrai que vous connaissez ces gens-là?

— S'il nous connaît, je crois bien! s'écria Malicorne : que vous disais-je? Et sans vouloir rien entendre, Monsieur voulait nous faire pendre!...

— Tout ce qu'il y a de plus illégalement! appuya Grabel.

— Ma foi, Monsieur le Gouverneur, j'allais suivre les instructions que vous m'avez données vous-même : pendre sans discussion tout indi-

UN CAVALIER SANS CHAPEAU APPARUT.

vidu suspect!... Ils me paraissaient suspects, je pendais! Vous aviez été prévenu par M. le Cardinal d'avoir à vous défier des émissaires des Espagnols, alors je pensais... mais puisque vous connaissez ces messieurs, tout est arrangé : qu'il ne soit plus question de corde, j'y consens de tout mon cœur!

— C'est bien heureux, grommela Malicorne.

— Et vous voyez, messieurs, que j'ai été très doux, j'ai discuté avec vous, ce qui a permis à M. le Gouverneur d'arriver à temps...

— Parce que vous n'avez pas trouvé tout de suite d'arbres pour ac-

crocher vos cordes... Brrr! j'en frémis encore! Vous faisiez une belle
chose! Nous ne sommes point des gens de rien, je suis M. de Malicorne
et monsieur est...

— Vous me l'avez dit, messieurs, mais, vous savez, de véritables
émissaires des Espagnols auraient eu encore de meilleures recommandations!... Enfin, je fais mes plus humbles excuses à ces dames pour mon
incivilité apparente, commandée par mon devoir de soldat, et je retourne
à mes hommes, car une de nos vedettes vient de me signaler quelque
chose comme la poussière d'une troupe en marche au loin...

M. de Hurtebise salua et tourna les talons

— Comment, c'est pour de bon? demanda Malicorne, la guerre reprend?... On disait pourtant que la paix allait être signée; à Paris on en
était tout à fait sûr, autrement nous ne nous serions pas aventurés en
Flandre...

— La campagne est rouverte, répondit Bellormeau, et tout à l'heure
j'ai entendu quelques coups de canon du côté de Bergues...

— Ah! mon Dieu, fit Mme de Malicorne qui se rapprochait avec sa
fille sortie de son évanouissement, partons bien vite! Monte en carrosse,
ma fille, vite!...

— Dans quel guêpier nous sommes-nous fourrés? s'écria Grabel. Au
carrosse, vite, au carrosse! Monsieur le Gouverneur nous vous ferons nos
politesses plus tard, à Paris... Au plaisir de vous revoir!

— Vous ne pouvez plus partir maintenant, s'écria Bellormeau; les
digues sont rompues, la campagne inondée, et sur l'unique route, qui
reste encore à peu près praticable, les Espagnols s'avancent, selon toutes
probabilités...

— Les Espagnols! que faire? que faire? gémit Mme de Malicorne qui
dut s'appuyer sur la chambrière Suzon.

— Monsieur, faut-il encore s'évanouir ou griffer? demanda Suzon à
Malicorne.

— Non, non, ce n'est plus la peine, dit Malicorne, il n'est plus question de cordes, mais de balles de mousquet et de boulets de canon...
Fatale inspiration! Que sommes-nous venus faire ici?...

— Où nous avez-vous entraînés? fit Grabel; qu'aviez-vous besoin de nous emmener à Gravelines?

— Mais c'est votre faute, Grabel : pourquoi avez-vous terminé si vite mes procès de Malicorne? Vous êtes un procureur extraordinaire aussi ! Pourquoi tant se presser? Les nouvelles de la guerre nous seraient arrivées et nous aurions rebroussé chemin sur Paris !

— Je suis désolé de tout cela, dit Bellormeau, mais le plus important, il me semble, est que vous ne soyez pas pendus... Entrez tranquillement à Gravelines et nous aviserons aux moyens de vous tirer de la situation dépourvue d'agréments dans laquelle vous vous trouvez... Je vous supplie d'accepter toutes mes excuses pour la réception qui vous est faite en mon gouvernement : je l'aurais voulue bien différente, je vous assure, pour vous, messieurs, et pour ces dames...

M. de Bellormeau voulait descendre de cheval. Comme on le pense sa jambe de bois le gênait considérablement et, plus encore, la pensée de se montrer tout à coup aux yeux de sa fiancée avec cette infirmité, glorieuse, peut-être, mais bien cruelle. Hélas ! où était son ancienne agilité? Son trouble aggravait encore les difficultés physiques; il dut s'y prendre à plusieurs fois pour descendre à terre. Enfin, avec l'aide du sergent Bellehumeur, il se trouva debout, son chapeau à la main, et il put cérémonieusement s'incliner devant les dames...

Mme de Malicorne et Mlle Laurette semblaient pétrifiées d'étonnement. Aux émotions qu'elles venaient d'avoir à supporter s'ajoutait, il n'y avait pas de doute, un choc de surprise. Polies tout à l'heure et toutes tremblantes, ces dames, maintenant, étaient devenues cramoisies.

Mme Malicorne examinait M. de Bellormeau des pieds à la tête et se retournait avec des yeux interrogateurs du côté de son mari... Un silence embarrassant s'était produit.

— Mesdames, répéta le pauvre Bellormeau en s'inclinant de nouveau, je suis heureux, je suis enchanté... je m'excuse...

Il s'efforçait de se mettre de profil pour dissimuler sa jambe de bois derrière la lourde botte à chaudron qui chaussait la jambe gauche, mais alors il découvrait en plein la cicatrice qui labourait profondément sa

joue gauche, ce que voyant, M^me de Malicorne ne put retenir une grimace
en regardant du côté de sa fille.

Bellormeau s'en aperçut. Vivement il rabattit les boucles de sa chevelure pour cacher au moins la perte de son oreille.

— Vous voyez, madame, dans quel état la guerre m'a laissé, fit-il.

— Blessures glorieuses! se hâta de dire Malicorne en se tournant
vers sa femme, caresses de Bellone!

— Mais vous ne m'aviez pas dit que...

— Marques superbes de la bravoure de notre gendre! Qui ne serait
heureux de pouvoir en montrer de pareilles?

— Il ne tient qu'à vous,
monsieur, d'en attraper autant,
fit M^me de Malicorne d'un air
pincé, puisqu'il paraît que la
guerre va reprendre...

— Le sort ne m'a pas di-
rigé vers le métier des armes,
madame, et je suis entré dans
l'âge mûr, hélas!... Mais félicitons M. de Bellormeau des

« CROYEZ, MESDAMES... »

hauts faits accomplis pour le service du roi. Touchez-là, monsieur de
Bellormeau, je vous pardonne la réception vraiment désobligeante qu'on
nous faisait dans la ville que le roi vous a confiée...

— Croyez, mesdames, balbutia Bellormeau tout troublé encore et
repris de son ancienne timidité, croyez que j'aurais bien voulu être à
même de vous recevoir d'une façon plus civile... je vous assure... Tenez,
monsieur de Malicorne, j'étais en train de chercher les moyens de vous
offrir un appartement convenable dans le logis antique et délabré qu'on
appelle ici l'hôtel du gouverneur, lorsque la nouvelle de la reprise soudaine de la guerre m'est parvenue!... Aussitôt, ainsi que c'était mon
devoir, je ne me suis plus occupé que de mes préparatifs de défense. Ne
vous sachant pas déjà en route, je pensais que la guerre vous ferait re-
noncer au voyage en Flandre...

— Mais nous voici, dit assez piteusement Malicorne.

— Je vais m'efforcer de vous rendre le séjour de Gravelines, en ce mauvais moment, le moins désagréable possible... ,

Les gens de Bellormeau arrivaient, un peu haletants, de la course et inquiets de savoir si, pendant leur courte absence, M. de Hurtebise n'en avait pas terminé trop vite avec les malheureux soupçonnés de connivence avec l'ennemi. Ils poussèrent un soupir de soulagement en voyant tout le monde debout autour du gouverneur, et s'avancèrent pour se rappeler au souvenir de Malicorne.

— Eh bien? fit Malicorne sentant qu'on le tirait par son manteau.

— C'est nous, monsieur, nous voilà! Hein, si nous n'avions pas couru si fort et trouvé M. le gouverneur sur les remparts de Fort Philippe, quelle vilaine grimace vous feriez en ce moment tous les trois accrochés là-bas...

— Oui, oui, tout est expliqué, le malentendu est dissipé, c'est très bien, mes amis...

— Et notre course? vous savez bien, un écu chacun...

— Ah! oui; soyez tranquille, on vous paiera... D'abord, c'était un demi-écu chacun; c'est déjà bien gentil pour une si petite course si près d'ici, une simple promenade d'un quart d'heure...

— Un demi-écu, soit, mais par personne, monsieur; vous étiez trois en danger d'être pendus, ça fait donc un écu et demi pour chacun, le cocher passera par-dessus le marché.

— Comme tout est cher dans ce pays-ci!...

— Un instant, dit le procureur Grabel, il ne faut pas se laisser écorcher de cette façon... discutons!

Bellormeau coupa court à la discussion en jetant sa bourse à ses compatriotes.

— Partagez, dit-il, voilà pour m'avoir prévenu! Maintenant, monsieur de Malicorne, si vous voulez gagner votre logis c'est à deux pas... je puis vous conduire moi-même... Sergent Bellehumeur, dites à M. de Hurtebise que je reviens à l'instant et qu'il fasse hâter la plantation des palissades en m'attendant.

Une détonation retentit en avant de la porte.

— Aïe! fit Malicorne.

— Ah! mon Dieu!.firent M^me de Malicorne et Laurette se suspendant tout à coup aux bras de Bellormeau.

— C'est donc vrai? dit Grabel pâlissant.

— Hé! mesdames, ne craignez rien, ne sommes-nous pas là? dit Bellormeau, se dégageant à grand'peine : allez tranquillement à votre logis et laissez-nous faire.

Deux autres coups de feu suivirent. C'étaient des hommes du rempart, à droite, qui tiraient à leur tour, puis brusquement une salve éclata en avant de la porte. Du dehors, une série de détonations retentit et, sifflant une musique étrange, des balles passèrent au-dessus du rempart.

Malicorne entraînait sa femme et sa fille, poussées par Grabel, son clerc et la chambrière Suzon.

— Pépin Lormel, cria Bellormeau, conduis mes hôtes à l'hôtel et veille à leur installation!

Oubliant maintenant sa jambe de bois, il était déjà sous la porte, et courait aux hommes qui défendaient l'avancée.

— Eh bien, Monsieur le Gouverneur, dit Hurtebise, cette fois c'est sérieux, voici l'ennemi! Si nous n'avions pas reçu à temps l'avis de M. le Cardinal, la surprise réussissait, Gravelines était enlevée en dix minutes!

Heureusement, nous avons pu mettre à peu près la ville en état de résister ; repoussons cette attaque et tout est sauvé.

Par les créneaux des palissades; Bellormeau et Hurtebise jetèrent un coup d'œil circulaire sur la campagne. Les vannes des écluses sous le rempart même ayant été levées et les digues hâtivement coupées à certains endroits, l'eau s'était répandue, enfermant la ville dans une vaste inondation, de peu de profondeur en général, mais coupée de canaux et de larges fossés invisibles maintenant sous la nappe étincelante. Seuls quelques sentiers herbeux émergeaient çà et là, ainsi que la grande route que des flaques, profondes d'un ou de deux pieds, coupaient aux endroits où elle s'infléchissait.

Sur cette route et par ces sentiers s'avançaient les Espagnols. A quelque distance on devinait une forte troupe, occupant la chaussée, derrière quelques maisonnettes et des bouquets d'arbres; plus près, une colonne s'avançait poussant, comme abris, des voitures chargées de foin et traînant des échelles, tandis que, sur les flancs, on voyait courir sur les lignes de talus non immergés, ou s'avancer dans l'eau jusqu'à mi-jambe, des files de fantassins se répandant autour de la ville pour chercher un point d'attaque facile, ou, du moins, contraindre les défenseurs à diviser leurs forces.

— Courez, courez, mes petits, fit Bellormeau, de ce côté vous trouverez de bons fossés qui vous empêcheront bien de toucher à nos pierres! Allons, Picardie, aux mousquets et vive le roi!

— Vive le roi! crièrent les soldats en agitant leurs armes.

— Bravo! voilà nos gaillards qui se réveillent, dit Hurtebise; Monsieur le Gouverneur, dans cinq minutes nous allons rire...

Les Espagnols couraient toujours, sautaient dans les flaques en levant leurs mousquets en l'air, pour que les éclaboussures n'éteignissent point leurs mèches sur lesquelles ils soufflaient de temps à autre. On voyait des sergents et des officiers, armés de demi-piques, sonder les fossés et diriger leurs hommes; déjà plusieurs groupes, parvenus à portée, envoyaient quelques arquebusades inoffensives sur les talus du rempart.

— Sergent Bellehumeur, ramenez vivement ici tous les hommes disponibles, et garnissez le rempart de chaque côté de la porte. Attention, Picardie, et que chacun fasse de son mieux comme l'année dernière!

Sur le bastion, en arrière, une grosse tour terrassée de l'ancienne enceinte, où le sergent Bellehumeur avait placé son artillerie en sapin, les deux vraies pièces installées au milieu des tronçons de mâts façonnés en canons, se mirent à tirer sur les charrettes que poussait l'ennemi, donnant le signal d'un engagement général. Une charrette, brisée par les boulets, roula sur le flanc, les Espagnols la jetèrent de côté dans l'eau et poussèrent, avec plus d'élan, celles qui restaient. Quelques compagnies, déployées rapidement dans l'eau, à droite et à gauche de la colonne lancée contre la porte, se mirent à tirailler sur les créneaux de l'avancée ou sur les défenseurs du rempart.

Les hommes de Bellormeau, bien abrités, répondaient par une fusillade moins nourrie et moins hâtive, mais mieux dirigée. En quelques minutes, les assaillants eurent un certain nombre de tués et de blessés. Les canons de Gravelines continuaient à faire entendre leur voix, mais les

LES ESPAGNOLS S'AVANÇAIENT, MARCHANT DANS L'EAU JUSQU'A MI-JAMBE.

Espagnols étaient parvenus avec leurs charrettes jusqu'au fossé de l'avancée et s'efforçaient de le combler. Ce fut l'instant critique. Par bonheur, une embrasure du rempart pouvait les prendre en flanc et envoya quelques boulets, presque à bout portant, dans le gros des assaillants.

Les Espagnols, culbutés, hésitèrent : l'attaque mollit. Leur coup d'au-

dace était manqué; Gravelines venait de démontrer qu'elle était à l'abri
d'une surprise, et qu'il faudrait, pour l'emporter, recourir à un siège
en règle.

Après avoir tiraillé quelque temps encore, les Espagnols se replièrent,
salués par quelques dernières arquebusades et on les vit s'installer à un
quart de lieue, tout le long d'un pli de terrain, à peine élevé de quelques
pouces au-dessus de l'inondation environnante.

Bellormeau se retourna vers ses hommes encore dans la chaleur de
l'action et la mine joyeuse.

— Très bien, enfants! dit-il, vous avez prouvé à l'ennemi que les
mousquets du régiment de Picardie ne se sont pas rouillés depuis l'année
dernière! Continuez de cette façon et Gravelines restera au roi; il va y
avoir ici de la gloire pour tout le monde!

— Grande distribution de balles, boulets et biscayens, tout un chacun
y aura droit, murmura le soldat Bonnescuelle.

— Rran! fit le sergent Bellehumeur soufflant sur la batterie de son
arme.

— Si tout un chacun aussi, ajouta la Rose, outre les balles et biscayens, avait du bœuf à sa suffisance!

## VIII

*L'Hôtel de M. le Gouverneur. Une petite blessure*
*au mollet.*

Sur les pas de Pépin Lormel, Malicorne et Grabel, poussant devant eux M^me de Malicorne et Laurette, l'une pâlie et l'autre rougie par toutes ces émotions successives, se dirigeaient le plus vite possible vers l'hôtel du gouverneur, suivis à l'arrière-garde par le clerc Tatin et la chambrière Suzon.

— Vite! vite! disait Malicorne, nous n'avons pas échappé à la corde pour nous faire arquebuser par les Espagnols!

— Que les femmes sont donc lentes, maugréait Grabel. Allons donc, madame ma sœur, allons donc, ma nièce! Plus vite que ça! Écoutez la mousquetade! Sommes-nous des gens de guerre pour rester ainsi dehors quand il pleut des balles?

On se trouvait parfaitement à l'abri dans les petites rues de Gravelines derrière le rempart, mais le bruit assez proche de la mousquetade impressionnait désagréablement les oreilles de Grabel.

— Monsieur, dit Tatin, j'ai assez de la procédure et des études de Paris, je désire m'en retourner à Rouen par la prochaine occasion!

La chambrière Suzon s'exclamait aussi plus furieuse qu'effrayée.

— Y a-t-il du bon sens à nous faire venir dans ce chien de pays! Pour sûr que je quitterai le service de M. de Malicorne et de M^me de Malicorne, pour l'agrément qu'on y a maintenant avec toutes ces histoires! Avez-vous vu cet officier? Pendre comme ça les gens! Ça ne se passerait pas facilement avec moi, jour de Dieu!... Je regrette de ne pas lui avoir un peu arraché les yeux, monsieur Tatin! Et cet insolent de sergent qui m'a appelée grosse dondon, je crois... A moins que ça ne soit à M^{me} de Malicorne qu'il ait manqué de respect... Je me plaindrai au roi !

— Nous n'arriverons donc jamais? gémit Malicorne bien que l'on n'eût pas encore marché plus de trois minutes.

— Nous y voilà, dit Pépin Lormel en montrant à deux pas, au fond

« NOUS N'ARRIVERONS JAMAIS, » GÉMIT MALICORNE.

d'une étroite ruelle, la grande porte de l'hôtel ouverte au pied d'un grand corps de bâtiments de pierres grisâtres ou moussues, percé de très rares fenêtres et donnant sur une cour sombre parfaitement rébarbative.

— Ça? dit Malicorne, ça, l'hôtel de M. le Gouverneur?

Malicorne était moins essoufflé et moins pressé maintenant, aucune balle ne lui semblant à craindre entre ces hautes murailles.

Grabel aussi s'arrêta pour regarder.

— On dirait plutôt la prison de la ville, fit-il.

— C'est pourtant l'hôtel de M. le Gouverneur, dit Pépin Lormel.
Voyez tous ses écussons au-dessus des fenêtres : maison noble, un peu
triste, c'est vrai.

J'étais en train de tout préparer pour vous recevoir, ou plutôt j'avais
l'intention de me mettre en train, car vous ne m'en avez pas laissé le
temps ; Monsieur le Gouverneur a reçu votre lettre tout à l'heure, il m'a
dit pour lors : « Pépin Lormel, tu vas tout nettoyer, donner un coup de

L'HOTEL DU GOUVERNEUR DE GRAVELINES.

balai par ci, un coup de torchon par là. » — « Oui Monsieur le Gouverneur, que je lui ai répondu. » — « Tu vas tuer les rats qui se promènent
chez moi comme chez eux .. »

— Des rats ! quelle horreur ! fit M$^{me}$ de Malicorne : on veut nous
faire loger avec des rats !

— Oh ! maman ! gémit Laurette pâlissant encore.

— « Tu vas boucher les trous du toit et des fenêtres, à cause des courants d'air... » — « Oui, Monsieur le Gouverneur ! » que je lui ai répondu.

5

— Des courants d'air! Et madame de Malicorne qui a la santé délicate! s'écria Malicorne.

— « Tu vas t'occuper du fricot, qu'il a continué, parce que le monsieur que j'attends est une fine... »

— Bien! Bien! et c'est fait? demanda Malicorne sous la grande porte.

— Non, rien du tout, je n'ai pas eu le temps! On s'est mis tout à coup à coup à des choses plus pressées, abattre des arbres, traîner des canons sur le rempart. Puis vous êtes arrivés, nous avons couru vous voir pendre, ce qui était intéressant parce que nous n'avions encore jamais vu de pendaison, puis les Espagnols sont arrivés, et voilà...

Le nez en l'air dans la cour de l'hôtel, Grabel et Malicorne faisaient la grimace.

— C'est peu luxueux pour un hôtel de gouverneur!

— Et vraiment délabré!

— Les gouverneurs du temps des Espagnols s'en contentaient, à ce qu'on dit, fit Pépin Lormel.

— Ces hidalgos râpés, des gens qui dînent d'un oignon et soupent d'une salade! s'écria Malicorne, ils pouvaient se trouver très bien là-dedans, mais nous!

— Entrons toujours, dit Grabel, c'est peut-être mieux à l'intérieur...

Pépin Lormel, en hochant la tête, introduisit les voyageurs dans la grande salle du logis. Cette salle était de proportions imposantes, certainement, mais elle laissait un peu à désirer du côté de la fraîcheur et aussi du mobilier. On y voyait une large et haute cheminée de pierre aux sculptures assez poussiéreuses, cordons de feuillage autour d'un écusson ayant deux grands lions pour supports; devant la cheminée une table immense d'un bois piqué et rongé par endroits, puis quelques bancs, quelques sièges à dossier de cuir de Cordoue fortement terni et parfois déchiré.

Malicorne et Grabel se jetèrent dans les fauteuils, M$^{me}$ de Malicorne et Laurette se laissèrent tomber sur un banc, tandis que le clerc Tatin et la chambrière Suzon vinrent s'asseoir sans façon sur la table qui craqua sous le poids de cette dernière.

LA GRANDE SALLE DE L'HÔTEL DU GOUVERNEUR.

— Aïe! aïe! aïe! fit Malicorne, comme une salve de mousqueterie éclatait du côté du rempart.

— Mon Dieu! fit M^me de Malicorne, dis-moi, Laurette, as-tu vu M. de Bellormeau?

— Oui, maman!

— Est-ce que tu l'as bien reconnu?

— Oui, maman.

— Mais ce n'est plus le cavalier leste et pimpant que nous avions connu, que nous recevions autrefois; je le trouve vraiment changé, tout à fait à son désavantage... Qu'en dis-tu, mon enfant?

Laurette ne répondit pas, mais sa moue indiqua très clairement qu'elle était de l'avis de sa mère.

M^lle de Malicorne était une fort jolie personne, grande et svelte, aux larges yeux bleus toujours à demi voilés sous de longs cils tremblotants, blonds comme la chevelure aux mèches ébouriffées le long des joues et entremêlées de rubans suivant la mode. Elle était d'allures fort élégantes qui faisaient honneur à M. et M^me Malicorne, et avec cela douce, aimable, modeste et parfaitement élevée.

M. et M^me de Malicorne, quoique s'entendant parfaitement en tout et pour tout sur le fond des choses, avaient dans le caractère des divergences particulières qui les portaient, pour se rattraper, à discuter et disputer perpétuellement sur le détail. Ces éternelles discussions étaient le sel de l'existence, sans lequel tout leur eût paru fade et insipide. M. de Malicorne, du temps qu'il n'avait pas encore réalisé ses aspirations aristocratiques, se laissait aller à comparer le caractère de M^me de Malicorne à une brosse de chiendent, piquante, mais pas désagréable au fond. Il n'y avait rien de tel qu'une bonne querelle le matin pour réveiller et mettre tout le monde en train pour la journée. La chose faite, on respirait mieux et plus largement.

Pour M^lle de Malicorne, d'humeur fort conciliante, il n'était pas toujours facile de louvoyer dans les perpétuelles discussions entre son père et sa mère, sans choc ou rencontre, jusqu'au moment où M. et M^me de Malicorne ayant bien étrillé leurs humeurs, réchauffé leur sang et dégagé leur cerveau, découvraient enfin qu'ils étaient comme toujours parfaitement d'accord.

— Voyons ! voyons, s'écria Malicorne, qui ne pouvait laisser passer l'observation de sa femme, qu'est-ce que vous dites donc à Laurette, M^{me} de Malicorne ? Je trouve, moi, que M. de Bellormeau est toujours le même, bel officier et parfait gentilhomme... N'est-ce pas Laurette ? Laurette fit un signe d'acquiescement.

— Certainement, dit-elle.

— Allons, fit M^{me} de Malicorne, c'est bien certain qu'il est aussi parfait gentilhomme cette année que l'année dernière. Mais on peut être parfait gentilhomme et n'en avoir pas moins une grande balafre à travers la figure et une jambe de bois ! Voilà ce que je disais ! L'année dernière, quand il venait chez nous, avait-il sa balafre et sa jambe de bois, voyons Laurette ?

— Non, maman.

— Bien entendu, fit Malicorne en haussant les épaules, puisqu'il a gagné sa balafre et perdu sa jambe à la dernière campagne, mais vétilles que tout cela, tu entends Laurette, vétilles ! Crois-en ton père... Je reconnais que cela gênerait M. de Bellormeau pour danser le menuet, et encore, pas la balafre... Mais rien que pour le menuet ! Voilà-t-il pas ! Est-ce que je danse le menuet, moi, bien que je n'aie pas de jambe de bois ?... Donc ..

— Enfin, dit M^{me} de Malicorne, je dis que, sous le rapport du physique, M. de Bellormeau a beaucoup perdu comme fiancé depuis l'année dernière, et c'est à considérer, voilà ce que je dis !

— Sous le rapport du moral, il a gagné bien davantage, voilà ce que je réponds, moi, entends-tu, Laurette ? Et je vais t'expliquer...

— Certainement, papa...

— Mais, objecta M^{me} de Malicorne, je puis bien marquer quelque surprise, et Laurette aussi.. Tu as été surprise, n'est-ce pas, Laurette ?...

— Oh ! bien sûr, maman, j'ai été un peu surprise...

— Nous avons été surprises, pas un peu, mais beaucoup, d'abord de l'estafilade qui dépare M. de Bellormeau.

— Glorieuse estafilade ! J'en voudrais bien autant, et Grabel aussi ! C'est la gloire, madame !

— Elle est un peu large tout de même, de la tempe au menton. Vous aviez parlé d'une simple cicatrice, une marque et pas d'une entaille comme celle-là... Enfin, passons ; ça, à la rigueur, on peut encore s'y faire, mais la jambe de bois ! Vous n'avez pas soufflé mot de la jambe de bois de M. de Bellormeau... Un fiancé à jambe de bois !...

— Par exemple ! je n'avais pas parlé d'une blessure à la jambe ?

— Si, une petite blessure au mollet ; mais vous n'aviez pas dit que le mollet était parti ! Alors, à première vue, cette jambe de bois m'a interloquée, monsieur de Malicorne, elle m'a interloquée !

Quelques roulements de mousqueterie et deux coups de canon, tirés tout près de l'hôtel, coupèrent la parole à M. de Malicorne. Il sauta sur son fauteuil et ne put répondre d'abord que par des gestes et des haussements d'épaules.

MADEMOISELLE LAURETTE DE MALICORNE.

— Mon Dieu ! fit Laurette.

— On dirait que ça se gâte, dit Grabel, en jetant des regards inquiets vers la cour.

— Palsanguienne, grommela Suzon, tout à l'heure, si ça continue, nous serons bien heureux d'en être quittes pour une jambe de bois chacun !

La discussion s'arrêta. Tous pliaient les épaules et baissaient instinctivement la tête, comme pour laisser passer les projectiles.

— Dites donc, jeune homme, dit Grabel en appelant Pépin Lormel, est-ce que vous n'avez pas des caves solides dans la maison ?

— Je vais y aller voir, dit Pépin Lormel avec empressement.

— Si nous y allions avec vous ? proposa le clerc Tatin.

Mais, après ce dernier écho de l'escarmouche, le silence se fit sur le rempart, les Espagnols se retirèrent, voyant leur coup de main manqué. Après avoir écouté quelques minutes, M. de Malicorne se rassura.

— Mon garçon, fit-il avec majesté en s'adressant à Pépin Lormel, nous allons avoir à traiter d'affaires de famille, laissez-nous et ayez l'obligeance, selon les ordres de M. de Bellormeau, de vous mettre en train maintenant de préparer, nettoyer et calfeutrer nos appartements, dans cet hôtel un peu négligé... Allez, faites ce que vous a ordonné mon gendre, M. le Gouverneur, et pressez-vous un peu plus que cela.

Pépin Lormel salua très bas et sortit en faisant beaucoup de bruit pour marquer son empressement à exécuter les ordres du beau-père de M. le gouverneur.

— Maintenant, reprit Malicorne, je vous ai dit que j'estimais M. de Bellormeau, tel qu'il est actuellement, beaucoup plus, infiniment plus comme gendre qu'autrefois, lorsqu'il nous arrivait la moustache en croc, la joue rose et le jarret tendu.

— Et que vous le mettiez à la porte, ajouta Grabel, le trouvant trop petit compagnon pour oser prétendre à la main de ma nièce Laurette.

— Vous l'avez dit! Je le tenais pour un simple freluquet, seigneur de quelque tas de pierres éboulées, pour un petit officier sans le sou et sans avenir, enfin! Tandis qu'aujourd'hui les lauriers de la gloire ont couronné son front...

— Sans cacher sa balafre, fit Mme de Malicorne.

— Heureusement, sans cacher sa glorieuse balafre!... Il s'est fait connaître, le Roi l'a distingué, M. le Cardinal l'a tiré de son obscurité, il a le pied à l'étrier.

— Un seul!

— Soit, un seul, mais le bon! En un mot, c'est un gentilhomme sur le chemin de la fortune, et je trouve qu'il peut sans folle présomption aspirer à l'honneur de notre alliance. Je suis un homme tout rond, et je lui ai dit tout franchement : « Maintenant que vous avez fait vos preuves, mon cher ami, reprenons l'entretien de l'année dernière, oubliez que je vous ai mis à la porte... pur malentendu, une lubie de ma femme... Et touchez-là, voici ma main... c'est-à-dire, voici la main de ma fille! »

— Vous auriez pu m'avertir de...

— Ta! ta! ta! c'est à peine si je m'en étais aperçu moi-même... Ça se voit très peu! Et puis, encore une fois, c'est la gloire! Voilà M. de Bellormeau gouverneur d'une ville frontière, en passe tout simplement de devenir général d'armée, maréchal de France, connétable, que sais-je! Une jambe de bois, voilà-t-il pas? Peut-on regarder à si peu de chose, devant de telles grandeurs en perspective?... Laurette, crois-moi, M. de Bellormeau est un parti magnifique!... T'ai-je convaincue, mon enfant?

— Encore une fois, s'écria M<sup>me</sup> de Malicorne, vous auriez dû nous avertir à l'avance, nous aurions eu le temps de nous habituer à cette estafilade et à cette...

— Il ne s'agit pas de vous, madame de Malicorne, il s'agit de Laurette, c'est elle que j'interroge... Voyons, Laurette, mon enfant, est-ce que tu songes à faire des objections?

— Cependant! fit M<sup>me</sup> de Malicorne.

— Non, papa! répondit Laurette avec empressement, pour couper court à la discussion.

— Moi non plus, dit M<sup>me</sup> de Malicorne, je faisais des observations seulement, de simples observations.

— Et vous, Grabel, voyez-vous quelque chose à dire contre le fiancé de votre nièce?

— Rien, mon cher Malicorne; comme vous, je considère M. de Bellormeau comme un excellent parti et j'approuve pleinement votre décision!

— En ce cas la cause est entendue, comme vous dites au Palais!... Ecoutez, il me semble que c'est bien fini, du côté des remparts! Oui, plus rien... Les Espagnols ont décampé, M. de Bellormeau leur a montré de quel bois il se chauffait! Maintenant, je trouve qu'il tarde un peu pour venir nous recevoir...

— Il pourrait montrer un peu plus d'empressement à venir installer sa fiancée, la mère de sa fiancée, le père et l'oncle de sa fiancée, dit M<sup>me</sup> de Malicorne.

— Attendons, fit Grabel, il ne peut tarder...

— Visitons les appartements en attendant.... Je commence à me sentir remis de l'émotion un peu forte que nous a donnée cet officier, et je sens quelque chose comme une fringale...

— Moi, j'aurais besoin avant tout de quelques réconfortants, dit Mme de Malicorne, et Laurette aussi, j'en suis sûre !

— Et moi aussi, dit Suzon.

— Holà, Pierre, Jean, Jacques, Martin, quelqu'un ! cria M. de Malicorne frappant sur la table ; holà, les gens de mon gendre !

Personne ne répondit. L'hôtel eût semblé tout à fait désert, si l'on n'avait entendu rouler des meubles à l'étage supérieur.

— Holà ! répéta M. de Malicorne qui avait repris toute son assurance maintenant que nulle arquebusade ne réveillait plus les échos du rempart, holà ! Allez-vous venir quelqu'un, ou faut-il que mon gendre vous fasse bâtonner tous ?

Comme nulle réponse n'arrivait, M. de Malicorne se décida à descendre dans la cour en reprenant ses appels de sa plus forte voix.

— Qu'est-ce qu'il y a? répondit enfin quelqu'un.

Malicorne leva les yeux ; à l'une des fenêtres du premier étage, un homme avait passé la tête par un trou du vitrage ; M. de Malicorne reconnut Pépin Lormel.

— Allons, dit-il, descendez un peu et montrez-nous nos appartements!

— Tout de suite, monsieur !

— Que M. de Bellormeau tarde donc ! grommelait M. de Malicorne en attendant que Pépin Lormel fût descendu. Il manque aux plus élémentaires convenances ! Il faut que réellement le service du roi le retienne, pour que je consente à ne pas m'offenser...

Pépin Lormel, chapeau bas, se présenta enfin.

— J'étais occupé aux chambres, dit-il. M. le Gouverneur m'a bien recommandé de vous donner les meilleures...

— Parfait, dit Malicorne, je n'en attendais pas moins de lui.

— Oui, mais c'est que les meilleures ne sont pas beaucoup plus en état que les plus mauvaises... Le plancher est criblé de trous...

— Vous mettrez des tapis.

— Oui, mais c'est qu'il y a des trous aussi dans les vitrages...

— Bouchez avec des planches, pour aujourd'hui.

— Je ne parle pas des trous des plafonds ; comme il ne pleut pas aujourd'hui, il n'y a que le vent qui puisse gêner monsieur.

— Arrangez les choses pour le mieux ce soir, et dès demain matin mettez-y les ouvriers.

Allons au plus pressé, mon ami : M^me de Malicorne a l'estomac dans

« J'AURAIS BESOIN DE QUELQUES RÉCONFORTANTS, » DIT MADAME DE MALICORNE.

les talons, et quant à moi, toutes ces émotions m'ont bien creusé ; faites-moi voir la cuisine.

— Par ici, monsieur.

Pépin Lormel se dirigea vers un angle de la cour, du côté d'une entrée de service.

— Reposez-vous toujours, cria Malicorne à sa famille, je vais m'oc-cuper du souper.

— Du souper? fit Pépin Lormel ; mais c'est que...

— C'est bon! c'est bon! avec mon gendre et dans les circonstances actuelles, je ne me gêne pas, dit Malicorne; je puis prendre sur moi de presser les marmitons.

— Mais... répéta Pépin Lormel.

— Allez toujours, mon garçon, allez!

Pépin Lormel ouvrit une porte et s'effaça pour laisser passer M. de Malicorne.

— Hein? fit celui-ci, c'est ça, la cuisine?

La pièce où ils entraient était peut-être destinée à devenir une cuisine, mais il ne s'y trouvait nulle trace de fourneaux; il n'y avait aucune casserole, rôtissoire ou lèchefrite accrochée aux murs, aucune vaisselle sur les tables boiteuses entassées dans un coin, et l'on n'y voyait pas davantage de cuisinier, tourneur de broche ou laveur de vaisselle. Triste cuisine, en vérité.

— Tranquillisez-vous, monsieur, fit Pépin Lormel qui vit la grimace de Malicorne, M. le gouverneur, ce matin, m'a commandé de lui chercher la plus fine cuisinière de Gravelines et de l'engager à n'importe quel prix, afin de vous recevoir dignement... et sans les Espagnols, ce serait fait.

— Mais, en attendant, est-ce que M. de Bellormeau ne mange pas, depuis qu'il est dans son gouvernement de Gravelines?...

— Oh! si, monsieur, nous avons l'hôtellerie du *Lion de Flandre*, vous l'avez peut-être remarquée, celle près de la porte...

— Oui, fit Malicorne pâlissant, c'est à son enseigne que cet officier voulait nous accrocher, en l'absence de mon gendre.

— Juste! Très bonne auberge, monsieur, excellente cuisine!... M. le gouverneur n'ayant pas encore eu le temps de monter sa maison, fait venir ses repas du *Lion de Flandre*. Hier, pour souper, il y avait des crevettes au beurre, des canards aux navets...: Je vous les recommande, monsieur... deux plats de poisson comme le roi n'en a pas sur sa table, un gigot d'agneau, des escalopes de veau, une flamiche aux oignons, des tartes aux confitures....

— Oh! très bien, très bien, c'est parfait... Faites toujours mettre la table, en attendant mon gendre.

## IX

*Du triste festin que M. le Gouverneur fit faire à ses hôtes*
*pour leur bienvenue..*

Enfin M. le Gouverneur, après s'être longtemps fait désirer, se présenta comme M. de Malicorne impatienté envoyait Pépin Lormel à sa recherche.

Il rentrait couvert de poussière, le justaucorps fripé, boueux, le chapeau cabossé et le baudrier de travers ; il semblait soucieux aussi et dans la cour tiraillait sa fine moustache d'un air contrarié en donnant quelques ordres à un officier.

— Enfin ! s'écria M. de Malicorne, vous voilà, cher monsieur de Bellormeau ! Comme vous avez tardé !

Bellormeau en entrant dans la grande salle où les voyageurs l'attendaient, sourit très gracieusement en s'efforçant de faire glisser sans bruit sa jambe de bois sur le parquet. Il s'inclina devant les dames, sa grande botte à chaudron en avant pour masquer le pilon de bois de l'autre jambe.

— Je vous fais encore un million d'excuses, mesdames, dit-il, pour tous les ennuis que vous avez éprouvés à votre entrée dans la ville de Gravelines ; veuillez croire que si je ne me suis point trouvé là, c'est que le service du roi m'appelait impérieusement ailleurs, et vous avez vu par vous-même qu'il s'en est fallu de bien peu que nous ne fussions surpris par les Espagnols...

— Oui ! oui ! dit Malicorne qui voulait couper court aux explications, nous avons vu.

— Je ne m'attendais pas à recevoir le baptême du feu en Flandre, dit Grabel, j'ai porté le harnois pendant les troubles de la Fronde, je ne veux pas vous le cacher, monsieur de Bellormeau, dans une compagnie bourgeoise de la Cité, mais nous étions tous gens établis, nos mousquets et nos pertuisanes n'ont servi qu'à monter des gardes dans nos rues, ou, au plus, derrière quelque bonne barricade tranquille...

— Enfin, dit M<sup>me</sup> de Malicorne, vous voilà débarrassés, vous avez chassé les Espagnols, ils sont partis...

— A mon vif regret, je dois vous détromper...

— Ne les avez-vous pas chassés? fit Laurette d'un air effrayé.

— Du pied de nos remparts, oui mademoiselle, mais ils sont en train de se retrancher à un quart de lieue d'ici et vont nous assiéger!

— Allons! s'écria Malicorne, malechance complète alors?

— J'en suis désolé pour vous, monsieur, veuillez le croire, et cela me gâte tout le plaisir que j'avais de vous voir ici ainsi que M<sup>me</sup> de Malicorne et M<sup>lle</sup> Laurette.

— Et à nous donc, croyez bien que cela nous gâte ce plaisir encore davantage! Mais voyons, vous êtes bien certain de la chose? Un siège! Il ne nous manquait plus que cela!

— C'est comme j'ai l'honneur de vous le dire. Les Espagnols s'établissent en avant de la porte de Dunkerque qui est le côté vulnérable de la place; ils se préparent à un siège en règle... La petite colonne qui a tenté de nous surprendre était suivie de troupes plus nombreuses. Si vous voulez tout à l'heure monter sur le rempart, vous pourrez apercevoir...

— Non, merci, je m'en rapporte à vous!

— Vous apercevrez un déploiement d'infanterie, quelques enseignes et du canon....

— Du canon!

— Nous en avons aussi, vous l'avez vu et entendu déjà!... Tout porte à croire, cher Monsieur de Malicorne, que dès cette nuit les Espagnols vont ouvrir la tranchée; il ne faudra donc pas vous étonner si quelques détonations d'artillerie vous réveillent...

— Ne parlons plus de ces choses maintenant mon gendre, vous allez couper l'appétit à Madame de Malicorne... après dîner vous nous expliquercz tout cela. Mettons-nous plutôt à table, je vous en prie, les émotions successives me délabrent l'estomac...

— Mettons-nous à table, mais vous allez faire maigre chère...

— Bah! Bah! Je sais, vous faites venir pour l'instant vos repas du *Lion de Flandre*, je sais; il paraît qu'ils ont des canards aux navets extraordinaires, des escalopes remarquables, et des gigots inouïs, nous nous en contenterons!

— N'allez pas si vite! Hier, oui, nous avions tout cela, la basse-cour du *Lion de Flandre* est assez bien garnie et la boucherie de Gravelines assez bonne, mais...

— Mais quoi donc? dit Madame de Malicorne.

— A la campagne, fit Grabel, c'est tout ce qu'il faut!

— Mais nous avons à Gravelines 735 ou 740 bouches à nourrir, le recensement vient d'être fait, ainsi que l'état des vivres...

— Hein? fit Malicorne, on va se mettre à table tout de même, j'espère?

— On le peut! Pépin Lormel, fais mettre le couvert!... Je disais donc que pour 735 ou 740 bouches à nourrir....

— En nous comptant...

— En vous comptant — nous ne disposons que de six vaches, quatre veaux, une quinzaine de porcs, trois ânes, dix chevaux, cinquante-six canards, soixante poules, douze oies, un peu de lard salé, plus de la morue, pas mal d'oignons, choux, poireaux et salades...

— C'est l'abondance, nous ne mangerons pas tout cela.

— Nous ne mangerons pas tout cela, en un jour, mais il faut tenir quelques semaines ou plusieurs mois!

— Oh! firent Malicorne et Grabel.

— Ciel! s'écrièrent M^{me} de Malicorne et Laurette.

— J'ai donc immédiatement saisi tous les vivres et établi le rationnement... Dès ce soir nous nous mettons à la petite portion, j'en suis bien contrarié pour vous et pour ces dames, mais il le faut! C'est la guerre, cher monsieur de Malicorne, c'est la guerre!

— Je proteste énergiquement! s'écria Malicorne. Comment il ne suffisait pas de nous avoir mis la corde au cou à notre arrivée, voilà que pour compléter cette belle réception, vous aller nous affamer? Ce sont des façons peu courtoises d'accueillir des visiteurs comme nous ! C'est inimaginable ! jamais, jamais, jamais, je n'aurais pu soupçonner une chose pareille ! Et vous, Grabel, auriez-vous jamais pu penser que...

— Je réserve mon appréciation sur le procédé, dit le procureur d'un ton rogue.

— C'est nous traiter d'une façon trop cavalière...

— Je vous répète que j'en suis confus et désolé, reprit Bellormeau, mais prenez-vous en au roi d'Espagne, moi, je n'y puis rien ! Si je vous affame, hélas, c'est que le premier devoir du gouverneur d'une place assiégée est de ménager ses vivres... Mais, tenez, le couvert est mis et voici que l'on nous apporte le souper du *Lion de Flandre*.

— Mettons-nous toujours à table grommela Malicorne.

— Voyons toujours ce que nous avons à souper, dit Grabel : je me sens tout débilité.

— Et moi je me meurs ! ajouta Mᵐᵉ de Malicorne.

L'hôtelier du *Lion de Flandre* avait apporté lui-même le repas de M. le Gouverneur. Il avait l'air tout effaré, lui aussi, ce brave hôtelier. On voyait un pli d'inquiétude sur son front et sa main tremblait un peu en disposant la vaisselle sur la nappe.

— Eh bien, Van der Brücke, calmez-vous donc, mon ami, fit Bellormeau, vous allez casser mes assiettes.... Un siège, c'est de la distraction en perspective pour vous, Gravelines manquait un peu de mouvement....

— Oui, Monsieur le Gouverneur, mais...

— Tranquillisez-vous donc, ne sommes-nous pas là? Nous avons un large approvisionnement que nous servirons sans lésinerie, à ces maudits Espagnols !

— Oui, Monsieur le Gouverneur, mais c'est qu'ils en ont aussi eux.

— Nous les recevrons, Van der Brücke, nous les recevrons, nous sommes là pour cela !

— Oui, Monsieur le Gouverneur, mais il y en aura aussi pour nous autres, simples bourgeois, c'est ça qui m'inquiète... ça, et le rationnement.

— Baste, Van der Brücke, vous êtes gros et gras, vous avez une avance de graisse à dépenser, un peu de diète vous fera du bien... Voyons, que nous donnez-vous à souper !

« VAN DER BRÜCKE, DIT BELLORMEAU, VOUS ÊTES GROS ET GRAS. »

— Voilà, Monsieur le Gouverneur, soupe aux choux, choux aux canards.....

— Ah! fit Malicorne avec satisfaction.

M. de Bellormeau prit un air sévère :

— Comment cela, aux canards? Van der Brücke, auriez-vous triché? Vous avez entendu la proclamation que j'ai fait tambouriner par tous les carrefours tout à l'heure? Mon ami, le premier qui sera pris trichant sur le rationnement sera pendu! Avis!

— Oh! Monsieur le Gouverneur, je voulais dire choux au jus des canards d'hier! C'est la sauce restant des canards d'hier que j'ai songé à utiliser pour vous, Monsieur le Gouverneur, quand j'ai su que vous aviez des convives!

— Très bien, Van der Brücke, vous êtes un bon hôtelier et un excellent citoyen.

— Et ensuite? glissa Grabel.

Van der Brücke se tourna vers lui :

— Et ensuite, Monsieur, nous avons la salade et pour dessert des croûtons de pain rôti avec un reste des épinards d'hier dessus.

— Un festin! s'écria Bellormeau : servez, Van der Brücke!

Silencieusement, la mine très renfrognée, les convives se mirent à table. M. de Malicorne déplia sa serviette en roulant des yeux furibonds, M. Grabel regardait droit devant lui d'un air froid et pincé. M. de Bellormeau se débarrassa de son chapeau, enleva son baudrier qu'il jeta sur un meuble et s'assit entre Mme de Malicorne et Mlle Laurette. Depuis que les circonstances étaient devenues graves, il semblait avoir perdu beaucoup de sa gêne vis-à-vis de mesdames de Malicorne; il en venait presque à oublier son infirmité.

— Est-il possible! gémit Mme de Malicorne, quoi, même pour les dames, il ne se trouvera rien de mieux que ces mets grossiers?

— Hélas! madame, j'en suis bien désolé, je n'ai pour aujourd'hui rien de plus fin à vous offrir.

— Baste, murmura le clerc Tatin en s'asseyant au bas-bout de la table tandis que la chambrière Suzon se plaçait cérémonieusement, une serviette sous le bras derrière la chaise de sa maîtresse, baste, cela ne me changera pas beaucoup de l'ordinaire que madame Grabel fait servir aux clercs de son mari!

La conversation languit un peu pendant le repas, malgré les efforts de Bellormeau qui négligeait de souper pour dire des amabilités à ses convives et faire oublier à force de gaieté, de choses gracieuses débitées aux dames et de plaisanteries sur la situation, ce que son hospitalité avait d'étrangement médiocre. M. de Malicorne malgré tout ne se déridait pas. Il restait froid et ne prodiguait plus les « *mon gendre* » à Bellormeau qu'il appelait cérémonieusement « *Monsieur le Gouverneur* ».

M^me de Malicorne continuait à gémir ; seule M^lle Laurette commençait à prendre son parti de la situation et s'efforçait de rire à l'apparition de chaque plat du très peu plantureux festin.

Ce festin d'ailleurs fut assez vite expédié. On allait se lever de table après le dessert, les rôties aux épinards, et personne ne songeait à féliciter Van der Brücke qui pourtant s'était de son mieux distingué dans les sauces, lorsque M. de Hurtebise entra, annoncé par Pépin Lormel.

— Eh bien ! demanda Bellormeau jetant vivement sa serviette, est-ce qu'il y a quelque chose de nouveau, Monsieur de Hurtebise ?

— Non, Monsieur le Gouverneur.

— L'ennemi ?

— L'ennemi continue à s'établir au tournant de la rivière ; il a placé des postes tout autour de Gravelines, nous n'avons plus maintenant de communications qu'avec Fort Philippe, et encore faut-il passer sous le feu d'un poste que l'inondation heureusement les a forcés à tenir un peu loin.

— A combien évaluez-vous les troupes que nous avons devant nous ?

— A trois mille hommes environ, Monsieur le Gouverneur.

— Trois mille hommes, fit Malicorne et vous êtes combien ici ?

— Deux cent cinquante : c'est très suffisant derrière nos remparts !

— Et en armant les hommes valides de la place, ajouta M. de Hurtebise nous pouvons avoir cent cinquante hommes de plus... J'y pense : si nous organisons une compagnie bourgeoise, nous pouvons offrir un commandement à ces messieurs.....

— Merci bien pour moi, dit Malicorne, je suis d'humeur pacifique.

— Monsieur Grabel nous a avoué qu'il avait porté la hallebarde pendant la Fronde, ne put s'empêcher de dire Bellormeau en riant ; voilà une belle occasion de reprendre le harnois.

— Monsieur répondit Grabel, je ne n'ai pas l'intention ni le temps de rester à Gravelines ! En d'autres circonstances, je ne demanderais pas mieux que de me couvrir de gloire à côté de vous sur les remparts à vous

6

confiés, mais mon étude me réclame et j'ai hâte de reprendre le chemin de Paris...

— Attendez avant de partir, dit Hurtebise en riant ; d'ailleurs, je tiens beaucoup à rentrer en grâce auprès de ces dames et à me faire pardonner notre petit malentendu de la porte de Dunkerque !... J'ai donc songé à ces dames tout à l'heure... Je crois, sans offenser Monsieur le Gouverneur, que sa table a été assez mesquinement servie ce soir, mais comme petite compensation aux privations qu'il a dû infliger à ses convives, j'apporte, moi un supplément de dessert, un véritable extra, quelque chose de rare !

Madame de Malicorne se retourna vers le capitaine qu'elle n'avait pas daigné regarder encore.

— Voici dit Hurtebise, mettant sur la table un petit paquet soigneusement enveloppé ; en allant tout à l'heure surveiller le transport à nos magasins de tous les vivres et approvisionnements de la ville, j'ai mis la main sur ceci à la pharmacie de l'hospice...

Malicorne fit la grimace.

— Des médicaments pour dessert maintenant ! grommela-t-il.

— Un excellent dessert que je me permets de recommander à ces dames : au moins trois livres d'une onctueuse pâte de guimauve en réserve pour les rhumes de cet hiver... Elle est excellente, je vous assure, j'y ai goûté, et je l'ai mise en réquisition immédiatement pour l'apporter à Madame et à Mademoiselle...

Mᵐᵉ de Malicorne développa le paquet : la pâte était réellement belle et d'apparence savoureuse. Mᵐᵉ de Malicorne en coupa quelques petits morceaux, y goûta et en offrit à sa fille après avoir fait un sourire des plus gracieux à M. de Hurtebise.

— Et maintenant que j'ai présenté mes civilités à ces dames, je retourne à nos remparts, dit Hurtebise.

— Je vous accompagne, dit Bellormeau, nous avons des dispositions à prendre pour la garde de cette nuit... Monsieur de Malicorne, vous êtes chez vous, disposez de l'hôtel en maître, Pépin Lormel va vous montrer vos appartements ; vous excuserez le délabrement du mobilier, on n'a eu le temps de rien préparer... Vous pouvez changer, transformer, modifier à

« VOICI UN EXCELLENT DESSERT » DIT LE CAPITAINE HURTEBISE.

votre aise. Je resterai probablement aux remparts toute la nuit, j'aurai le temps de réfléchir sur ce qu'il convient de faire pour vous épargner, s'il se peut, les ennuis d'un siège et demain matin nous causerons de cela... Mesdames, je vous souhaite une nuit de repos et de bon sommeil !

— Et ne faites pas attention au canon si par hasard nous avons deux mots à dire aux Espagnols, ajouta Hurtebise.

La famille Malicorne demeura un instant à table sans parler. Les événements s'étaient succédé si brusquement en cette journée de transes, que les malheureux avaient peine à se remettre et se demandaient encore s'ils ne rêvaient pas.

Le matin, ils avaient quitté une bonne hôtellerie, dans une petite ville tranquille, ils avaient roulé pendant quelques heures dans le calme des champs, traversé des villages paisibles, sans rien entendre que des chants d'oiseaux, le ronflement d'ailes des moulins, la chanson de quelques laboureurs, et voilà qu'ils se trouvaient le soir jetés en pleine aventure, dans les dangers de la guerre, exposés aux mousquetades, aux canonnades et aussi à la famine dans une ville assiégée !

La secousse était trop forte vraiment ; Mme et Mlle de Malicorne soupiraient, M. de Malicorne, de temps en temps frappait du poing sur ses genoux et se prenait le front à deux mains. M. Grabel se mordait les lèvres en tiraillant ses moustaches, le clerc Tatin tournait le dos à son patron pour marquer son mécontentement d'avoir été entraîné dans une telle bagarre.

M. de Malicorne s'arracha le premier à ces tristes réflexions.

— Allons, dit-il, il nous faut nous reposer après cette journée de rudes secousses... Mais auparavant, rangeons le cadeau de M. de Hurtebise !

Et il rafla prestement le paquet de pâte de guimauve et le fourra dans sa poche.

La nuit était venue, la cour de l'hôtel dans l'obscurité prenait une mine encore moins rassurante que dans le jour. Pépin Lormel avec deux flambeaux allumés dans les mains et un paquet de chandelles sous le bras attendait les Malicorne.

— Si vous voulez prendre la peine de venir, dit-il, je vais vous conduire aux appartements.

— Tout est-il prêt? demanda M^{me} de Malicorne; avez-vous vu aux courants d'air?

— Soyez tranquille, madame, j'ai vérifié les fenêtres et cloué, en attendant, du parchemin sur les trous des vitrages.

Les appartements, comme disait Pépin Lormel, se composaient d'une série de chambres au premier et au second étage, réunies par un dédale de couloirs sombres cachant des pas dangereux, des marches à monter ou à descendre, et coupées de portes trop basses où l'on était exposé à se raboter le crâne. Ces chambres étaient plus que sommairement meublées, elles avaient été très peu habitées sans doute du temps des gouverneurs espagnols, vieux routiers endurcis dans les guerres et très dédaigneux de leurs aises. Pépin Lormel, homme de ressources, avait en grande hâte ramassé tous les meubles qui traînaient dans la maison et mis en réquisition quelques objets de literie à l'hôtellerie du *Lion de Flandre*; il s'attendait à des compliments, mais M. de Malicorne hocha la tête et sourit dédaigneusement.

— L'hospitalité de M. le Gouverneur n'a rien de somptueux, fit-il, et je pouvais m'attendre à mieux. Je ne veux point récriminer.

— Ni moi non plus, dit Grabel.

— Mais je trouve que jusqu'à présent nous n'avons guère à nous louer de Gravelines!... Recevoir ainsi des gens de notre sorte!... un futur beau-père, encore!

— M. de Bellormeau n'était pas prévenu, dit Laurette, et puis la guerre qui se rallume tout à coup l'a empêché de donner ses soins à notre installation...

— Voyez-vous cette petite pensionnaire qui défend M. de Bellormeau!... Mon enfant, nous avions droit à quelques attentions, ta mère et moi, et Grabel par dessus le marché... Mais je l'ai dit, ne ré-cri-mi-nons point!

— Voilà notre chambre, dit M^{me} de Malicorne qui passa son doigt sur un meuble et le ramena plein de poussière : bien peu convenable ; enfin

nous devons nous en contenter ! Par ici, voilà la chambre de notre chambrière... Suzon, vous coucherez ici...

— Madame, objecta Suzon, ma chambre n'est-elle point tournée du
côté du rempart? Et si j'allais être réveillée cette nuit par un boulet espagnol?

— Non, non, dit Pépin Lormel, vous regardez la mer par ici ; c'est
l'autre aile de l'hôtel, celle habitée par M. le Gouverneur, qui regarde du
côté des Espagnols...

— Oh ! les boulets, c'est son affaire, un homme de guerre !... Voyons,
après la chambre de Suzon, de l'autre côté, voici une chambre pour Laurette... Tu n'auras pas peur, mignonne ?

— Je tâcherai, maman.

— Vous Grabel, dit Malicorne, accommodez-vous de l'étage au-dessus
avec votre clerc... Voici tout arrangé ; tâchons de bien nous reposer, pour
être dispos demain... j'en suis d'avance tout mélancolisé : qui sait ce qui
nous attend demain !

— Moi, c'est bien simple, dit Grabel, je ne tiens pas du tout à assister
aux prouesses que ne va pas manquer d'accomplir M. de Bellormeau ; je
demande à m'en retourner à Paris.

— Oui, mais avec ces Espagnols, comment nous tirer d'ici?

— Je n'en sais rien ; M. de Bellormeau a dit qu'il allait songer à trouver un moyen... C'est lui qui nous a mis dans ce cruel embarras, c'est à
lui de nous en faire sortir!

Pépin Lormel plantait des chandelles dans tous les chandeliers, il mit
des flambeaux entre les mains de Grabel et de son clerc, et en prit un autre pour aller procéder à leur installation.

Mme de Malicorne regardait sous tous les meubles, ouvrait toutes les
portes, découvrait ainsi, une foule de petits cabinets noirs, des chambres
abandonnées, tendues d'une véritable tapisserie de toiles d'araignée, de
vieilles armoires vides aux tablettes couvertes d'une couche de poussière
d'un doigt d'épaisseur, des couloirs tortueux, ou des passages aboutissant
à des portes murées. Certes, le logis continuait à n'avoir rien de bien sé-
duisant et il était encore plus délabré qu'on ne le soupçonnait à première

vue. Le vent soufflait à travers les pièces malgré les parchemins collés sur les brèches du vitrage ; on entendait dans les immenses cheminées comme un murmure d'orgues lointaines, quelques parties du plancher par trop délabrées pliaient sous le pied d'une façon inquiétante et l'on percevait parfois, quand on ouvrait une porte, un bruit de fuite de bêtes effarouchées. M^{me} de Malicorne se jeta d'un air découragé dans un fauteuil au pied d'un immense lit datant au moins du règne de François I^{er}. Les craquements du fauteuil l'avertirent qu'il ne fallait point faire trop de fond sur sa solidité. Un pied sur quatre manifestait trop clairement l'intention de se séparer des autres.

## X

*Première nuit et première journée de siège.*

La nuit fut calme. Harassés de fatigue et d'émotion, les Malicorne
dormirent lourdement et, au-dessus de leurs têtes, M. Grabel et son clerc
Tatin firent de même jusque vers quatre heures du matin. C'était le petit
jour. A ce moment, comme le premier rayon du soleil passait à travers les
vitraux poussiéreux, M^me de Malicorne poussa un cri terrible.

— Oh l'horreur ! Un rat qui vient de courir sur ma figure ! Je veux
m'en aller ! Monsieur de Malicorne ?

— Hein ? quoi ? qu'il y a-t-il ? grogna Malicorne réveillé en sursaut et
promenant des yeux effarés dans cette chambre qu'il ne reconnaissait pas,
où sommes-nous donc ? à Malicorne ?

— Hélas ! Plût au ciel ! Nous sommes à Gravelines, chez Monsieur
votre gendre qui nous reçoit d'une façon indigne ! monsieur ! Le beau

gouverneur vraiment qui ne peut pas nous donner la tranquillité dans sa ville !

— Ma mie, ce n'est point tout à fait sa faute, ce sont les Espagnols !

— Il s'agit bien des Espagnols ! Des rats viennent se promener sur nos oreillers, j'ai senti sur ma figure les moustaches d'un million de rats !

— Les vilaines bêtes ! mais vous exagérez un peu, un million de rats !

— Croyez-vous que je me suis amusée à les compter, je me suis débattue... Voilà ! je veux partir à l'instant, monsieur de Malicorne. Fi, ce monsieur de Bellormeau, fi !

— Patience ! nous allons nous occuper de cela. Laissons ce pauvre Bellormeau ; ce n'est pas tout à fait de sa faute encore une fois, dit Malicorne qui prenait la défense de Bellormeau maintenant que sa femme l'attaquait ; il faut songer à déjeuner.

— Oui, parlons de cela, on va nous servir encore quelque abomination comme hier soir... Écoutez ces rats qui galopent dans le mur... j'en ai parfaitement vu un gros noir qui me regardait d'un air féroce !

— Ta ! ta ! ta ! ils étaient un million, ces rats, tout à l'heure, maintenant on en a vu un tout seul, rien qu'un seul !... un peu de courage donc, Madame de Malicorne.

Trois ou quatre coups de canon se succédant rapidement sur le rempart coupèrent la discussion. M<sup>me</sup> de Malicorne oublia les rats ; M<sup>lle</sup> Laurette et Suzon accoururent en déshabillé du matin et l'on entendit un roulement effroyable de meubles renversés ou brisés chez M. Grabel à l'étage supérieur.

— Malepeste ! que se passe-t-il là-haut? s'écria Malicorne pâlissant.

— Un boulet, seigneur Dieu, sans nul doute ! gémit M<sup>me</sup> de Malicorne les mains sur les yeux. Hélas ! pauvre Grabel, il est tué certainement ! Courez vite, Malicorne, courez !

Malicorne n'avait pas envie de courir ; assis sur une chaise, une manche de son pourpoint passée, l'autre pendante, il écoutait fort ému. Un grand bruit de portes poussées avec violence, de pas précipités et M<sup>r</sup> Grabel, à demi vêtu, les cheveux en désordre, apparut essoufflé.

Il n'était pas tué; M^me de Malicorne lui sauta au cou, Malicorne passa
la deuxième manche de son pourpoint.

— Mon oncle! s'écria Laurette, que vous est-il arrivé?

— Les coups de canon!... vous avez entendu?... Un boulet dans la
chambre à côté de la mienne, dans la chambre de mon clerc... Un grand
bruit de choses brisées, puis quelques gémissements, puis plus rien, Tatin
est tué!

— Pauvre Tatin!

— Infortuné jeune
homme!

— Un garçon d'a-
venir, hélas, des dispo-
sitions étonnantes pour
la procédure...

— Allons-nous en
bien vite d'ici!

— Mais non, Mon-
sieur, fit la chambrière
Suzon qui écoutait, Mon-
sieur Tatin n'est pas
tué, je l'entends remuer
là-haut.

TATIN ÉCROULÉ.

— Montons vite,
s'il n'est pas tout à fait mort, dit Malicorne.

— Montons!

— Et si un autre boulet arrivait...

Grabel, Malicorne et Suzon, l'un derrière l'autre, prirent l'escalier à
vis qui menait à l'étage supérieur, suivis à distance par M^me et M^lle de Mali-
licorne.

— Tatin, mon ami, êtes-vous mort? cria M. Grabel en arrivant en haut.

— Nous volons à votre secours; du courage! appuya Malicorne.

L'infortuné Tatin en haut de chausses ouvrit lui-même sa porte et se
montra tout ahuri, dépeigné et très pâle.

Tout le monde poussa un soupir de soulagement, Malicorne prit Tatin par un bras, Grabel par l'autre, et Suzon se prépara à le soutenir derrière.

Il n'est pas tué! Voyons mon ami, où êtes-vous blessé? demanda Grabel.

— Je... Je... je ne sais pas, balbutia Tatin ; est-ce que je saigne? Le boulet est arrivé, pan, en pleine poitrine, presque! et mon lit s'est brisé!... je crois que je n'ai rien, un vrai miracle!...

Malicorne et Grabel lui balancèrent les bras avec précaution puis plus vigoureusement ; il remua ses jambes l'une après l'autre de la même façon. Non, il n'y avait rien de cassé.

— Un vrai miracle répéta-t-il.

— Mais le boulet? dit Suzon, par où est-il entré? Il n'y a pas de trou dans le mur nulle part... Et où serait-il?

— Je n'en sais rien, dit Tatin, il a pourtant défoncé mon lit, voyez...

Il n'y avait qu'à voir en effet le lit tout de travers, le côté de la tête tombé à terre et le matelas au pied tout en l'air ; une chaise aussi à la tête du lit avait été renversée, mais c'était tout le dégât.

— J'y suis! s'écria Suzon, attendez!

Elle enleva les matelas d'un bras vigoureux.

— Voilà, dit-elle, pas besoin de boulet! Tous les meubles de M. le Gouverneur sont vieux et vermoulus, des antiquités qui ne tiennent plus! Aux coups de canon sur le rempart, qui tombaient sur les Espagnols d'ailleurs et pas sur nous, à ce que je crois, M. Tatin a sauté dans son lit, une planche pourrie s'est brisée et il est tombé la tête en bas, se croyant tué!

— Quelle peur vous nous avez faite, Tatin, mon ami, s'écria Grabel soulagé ; voyons, on ne tourmente pas les gens comme cela! Vous avez poussé des cris comme si l'on vous écorchait vif!... Allons mon garçon, achevez de vous habiller et ne faites plus tant d'histoires, nous avons bien assez d'ennuis!...

— Et voyons un peu si l'on se prépare à nous faire déjeuner...

Malicorne et Grabel ayant achevé sommairement leur toilette descendirent dans la grande salle. L'hôtel était réveillé, on entendait un grand

va-et-vient partout et des bruits d'armes. Par la fenêtre, Malicorne et Grabel virent la cour pleine de soldats ; ils apportaient des planches et des bottes de paille qu'ils étalaient dans les grandes pièces du rez-de-chaussée.

« NOUS LEUR AVONS ADRESSÉ QUELQUES BOULETS. »

Au milieu de la cour, le sergent Bellehumeur se frottait les mains d'un air
joyeux et dirigeait l'installation de ses hommes.

— Déjà réveillés ! dit tout à coup une voix derrière Grabel et Malicorne.

Ils se retournèrent : c'était M. de Bellormeau qui entrait, suivi de
Pépin Lormel en train, tout en marchant, de le brosser et d'enlever quelques brins de paille restés à son justaucorps ou dans ses cheveux.

— Avez-vous bien dormi, messieurs? reprit Bellormeau; nous avons été gentils, nous n'avons fait tapage que ce matin, au lever du soleil.

— Les Espagnols ne sont point partis? demanda Malicorne.

— Au contraire! dit Bellormeau, il en est même arrivé d'autres cette nuit. Ils ont commencé leurs travaux que nous n'avons pu gêner dans l'obscurité, mais au petit jour nous leur avons adressé quelques boulets en guise de salut matinal. Maintenant, tout ce bruit dans la cour, c'est un poste de soutien que j'installe ici, une petite réserve en arrière du rempart... Mais laissons cela. Comment vont ces dames?

— Mal! dit Malicorne; elles ne tiennent plus de peur. Ce sont de faibles femmes, monsieur de Bellormeau, on ne peut leur demander de l'énergie n'est-ce pas, ni de s'exposer joyeusement aux arquebusades et à tous les périls de la guerre... J'ai fait tout ce que j'ai pu pour réconforter Mme de Malicorne qui est une femme d'une santé délicate et à qui toutes ces émotions vont donner une maladie de cœur... Elle ne cesse de me dire : — Que M. de Bellormeau nous donne à déjeuner et pour l'amour du ciel, qu'il nous fasse sortir d'ici!... Voyons, mon gendre, — laissez-moi vous donner ce nom, — ces Espagnols de malheur nous empêchent de terminer nos arrangements de famille comme j'en avais l'intention, mais touchez-là, vous êtes mon gendre, notre gendre! Après la campagne, en avant les notaires! Agissez avec nous en gendre affectionné, faites ce que demande Mme de Malicorne, donnez-lui à déjeuner et faites-la sortir d'ici, je vous en prie instamment...

— Tout de suite, le déjeuner va être servi, médiocre comme le dîner d'hier, mais vous excuserez des assiégés! Pour vous faire sortir, ce sera moins commode, mais j'y ai pensé, et le seul moyen qui existe, c'est de vous faire conduire à Fort Philippe à une demi-lieue d'ici, un hameau de pêcheurs qui s'abrite sous notre fort à l'embouchure de l'Aa... De là une barque de pêche pourra en quelques heures vous débarquer à Calais.

— Une barque de pêche! s'écria Malicorne, vous auriez l'intention de nous faire voyager sur mer! mais c'est impossible : Madame de Malicorne se sent le cœur tout à trac, rien qu'en passant sur un pont et moi je ne pense pas avoir le pied marin.

— Il n'y a pas d'autre moyen; Gravelines est complètement cerné sauf du côté de la mer, et encore il est probable que le premier soin des Espagnols va être de nous enfermer aussi par là en coupant notre communication avec Fort Philippe; à certains indices, ils me semblent préparer quelque chose de ce côté-là. Ainsi donc il n'y aurait pas de temps à perdre, sans quoi vous seriez condamnés à partager avec nous tous les périls du siège et vous me voyez au désespoir rien qu'à cette pensée!

— Brrr! Je ne veux pas du tout!... Mais notre carrosse ne tiendra jamais dans une barque?...

— Aussi ne peut-il pas être question d'emmener votre carrosse.

— Un carrosse que je viens d'acheter!...

— Je vous le garderai soigneusement et après la campagne j'aurai le plaisir de vous le rendre.

— Allons-nous en n'importe comment, et tout de suite, s'écria Grabel : un siège, la canonnade, les assauts, la famine, la mise à sac, je ne tiens pas à voir toutes ces horreurs, j'en ai rêvé toute la nuit!... Vite, courez, dépêchez, faites descendre ces dames, faisons nos politesses à Monsieur de Bellormeau et partons!...

— Et le déjeuner? s'écria Malicorne.

— Je n'ai pas faim, j'ai besoin de tranquillité pour mes repas, moi!

— Ne vous pressez pas, vous ne pouvez partir comme cela en plein jour! Et les mousquets des Espagnols? Il faut pour gagner Fort Philippe passer en vue d'un poste ennemi qui ne manquerait pas de tirer...

Malicorne et Grabel se laissèrent tomber sur des sièges avec des gestes de découragement, lorsque Mᵐᵉ de Malicorne et Laurette poussèrent la porte de la grande salle.

— Bon! dit Madame de Malicorne, il paraît que les choses ne vont pas pour le mieux ce matin! Et l'on était si bien à Malicorne! Voyons qu'y a-t-il encore?

— Il y a que Monsieur de Bellormeau veut nous faire voyager sur mer!

— Dans une méchante barque de pêcheurs, encore!

— Laurette et moi, nous sommes mortes d'avance!

— Et ce n'est pas tout! Voilà le pire, c'est qu'avant de monter dans notre barque qui est à une demi-lieue d'ici, il nous faudra recevoir les arquebusades des Espagnols!

— N'effrayez donc pas ces dames, dit Bellormeau impatienté, j'ai pensé à tout, et rapportez-vous en à moi pour supprimer tout le danger apparent de votre départ. Mettez-vous à table devant ce déjeuner trop frugal, et je vais vous dire ce qu'il y aura à faire...

Bellormeau qui avait hâte autant que Malicorne lui-même de voir ses hôtes éloignés de Gravelines, exposa en peu de mots son plan pour leur départ. Le soir même, il avait l'intention, pour contrarier les travaux des Espagnols et retarder autant que possible l'investissement complet de Gravelines, d'enlever le poste ennemi établi à mi-chemin de Fort Philippe, dans une maisonnette encore à peu près à sec sur un léger renflement de terrain. Une vingtaine d'hommes choisis, commandés par le sergent Bellehumeur se chargeraient de l'opération; ils devaient par un sentier serpentant à travers la campagne inondée et formant un bourrelet à peine recouvert de quelques pouces d'eau, tourner ce poste par derrière, surprendre les Espagnols, les bousculer et aussitôt faire crouler avec le pic et la pioche, les murs de la maisonnette et mettre le feu au reste.

Pendant le temps que s'exécuterait cette opération, les hôtes du gouverneur conduits par Pépin Lormel se glisseraient, dans l'obscurité, sur la berge de l'Aa, la mince ligne de terre reliant Gravelines à Fort-Philippe, et passeraient sans encombre. Le lieutenant commandant le détachement de Fort Philippe était prévenu déjà et aurait fait le nécessaire, la barque serait là toute prête, il n'y aurait plus qu'à voguer vers Calais.

Bellormeau eut à subir une avalanche d'objections, de demandes d'explications; pour s'y soustraire il prit le parti de se sauver le plus vite possible, en s'excusant sur ses devoirs de gouverneur qui allaient le retenir toute la journée au rempart. Cependant, avant de quitter l'hôtel, il conduisit Malicorne et Grabel dans les greniers du logis, en haut de la tour, d'où l'on découvrait jusqu'aux horizons les plus lointains des plates campagnes de Flandre. Il leur montra les positions des Espagnols, en arrière des champs inondés où se distinguait un grand mouvement d'hommes et de chariots ; sur deux côtés du groupe de maisons qu'occupait le quartier général de l'assiégeant, des travailleurs remuaient de la terre pour l'établissement de batteries et les travaux semblaient déjà assez avancés pour que ce ne fût plus qu'une affaire d'heures avant d'entendre tonner leurs canons. Des tranchées étaient commencées et poussées activement pour opérer des saignées dans l'inondation et dégager le terrain de l'attaque.

Bellormeau montra ensuite la ligne mince des berges de l'Aa, au bout desquelles s'élevait la Bastille de Fort Philippe, un petit fort défendu par la mer et par d'immenses fossés, et sous lequel s'abritaient les maisons des pêcheurs et les barques échouées sur le sable à marée basse. Donc la chose était bien simple : il s'agissait de suivre la berge jusqu'au fort, une demi-heure de marche, et de profiter de la marée pour quitter ces parages inhospitaliers.

Laissant après ces explications ses hôtes à leur observatoire, Bellormeau descendit bien vite saluer les dames et gagna le rempart.

IL CONDUISIT MALICORNE ET GRABEL DANS LE GRENIER.

Tout aussitôt les canons des bastions tirant à toute volée sur les travaux des Espagnols montrèrent bien aux hôtes du gouverneur de Gravelines qu'il était trop sérieusement occupé pour leur consacrer tous ses instants. A la voix brutale de l'artillerie, Malicorne et son beau-frère Grabel quittèrent le grenier, et descendirent d'autant plus vite que les Espagnols pour montrer qu'eux aussi avaient des canons, répondirent par quelques douzaines de boulets. La matinée et l'après-midi se passèrent ainsi en conversations plus ou moins suivies entre les deux camps. Il y avait de petites bourrasques d'un quart d'heure suivies par des silences plus ou moins longs, des coups isolés et des reprises. Les assiégés guettaient les travailleurs ennemis occupés à l'établissement des batteries et attendaient les occasions; l'ennemi ripostait mollement, uniquement pour montrer que s'il n'avait pas encore tous ses moyens, les défenseurs de Gravelines ne perdraient rien pour attendre. La journée parut triste et longue à M. de Malicorne. Le soir vint cependant comme on achevait un souper que, par indulgence spéciale de M. le Gouverneur sans doute, maître Van der Brücke avait fait meilleur et plus abondant que celui de la veille. Sous l'influence de ce repas réconfortant, M. de Malicorne se dérida un peu; il cessa de faire reproche à son futur gendre sur la mauvaise réception réservée à la famille de sa fiancée, et il se remit à parler des accords définitifs que la plume des notaires ne demandait qu'à parapher pour en finir, et que cette guerre malencontreuse forçait à remettre.

— Pourvu, dit-il, que M. de Turenne nous débarrasse vite de ces Espagnols! Oh! si j'étais des conseils de M. de Turenne je ne ferais ni une ni deux! En avant marche, l'armée du roi, tous les régiments, Picardie, Champagne, Marine, Normandie, d'un côté, et de l'autre la Gendarmerie, les gardes, les mousquetaires et de l'ennemi ainsi enveloppé je ferais de la chair à pâté! Pendant ce temps, M. le Gouverneur de Gravelines, avec ses lurons, taillerait en morceaux ceux qui menacent ses remparts, et, Gravelines délivré, il accourrait à Malicorne où décidément on doit être plus tranquille pour fiançailles et accordailles!

Malicorne s'enflammait et il brandissait sa fourchette comme une épée.

— Cependant, ajouta-t-il, calmé subitement, en se penchant à l'oreille de Bellormeau, faites bien attention à ne pas nous arriver avec une nouvelle détérioration! Ça suffit comme cela; une seconde estafilade ferait très mal en travers de la glorieuse balafre, et plus de blessure à la jambe... un gouverneur ne s'expose pas comme un simple petit officier, que diable! Moi, si j'étais gouverneur, je donnerais mes ordres d'ici, par écrit, et Grabel qui a servi du temps de la Fronde ferait de même!

— Allons, dit Bellormeau pour couper court aux recommandations, voici la nuit, le moment est venu!...

— Êtes-vous sûr qu'il fasse assez noir ? demanda Grabel.

— Oui ! oui, tout à l'heure il fera nuit complète ! D'ailleurs il faut être là-bas pour la marée, car la barque doit partir à la marée descendante, ne l'oubliez pas ! Je vais faire mes adieux à ces dames et vous souhaiter une bonne petite traversée jusqu'à Boulogne... Dans quelques heures vous serez dans une bonne hôtellerie, dans une ville tranquille...

— Et moins affamée, soupira Malicorne.

Personne ne se levait de table cependant.

Le sergent Bellehumeur, la demi-pique à la main, parut sur le seuil de la grande salle.

— Monsieur le Gouverneur, dit-il, mes hommes sont là.

— Très bien ! fit Bellormeau se levant pour donner le signal ; maintenant, pour que tout marche bien, ne perdons plus une minute.

— Nous voici aussi, dit Pépin Lormel apparaissant suivi de la chambrière Suzon, du clerc Tatin et du cocher Thomas chargés de paquets.

— Bon, vous avez réduit les bagages au strict nécessaire ? Ce que vous ne pourrez emporter je le renverrai plus tard avec le carrosse... Et surtout rappelez-vous mes recommandations, pas de bruit, le plus complet silence ! Il faut se glisser sur le petit chemin rapidement, sans une hésitation, jusqu'à un endroit que vous indiquera Pépin Lormel, pour attendre la mousquetade de Bellehumeur... ne pas s'inquiéter du bruit, car il fera tapage avec ses hommes, Bellehumeur, et aussitôt la première mousquetade éteinte, marcher vite ! En suivant bien mes instructions il n'y aura aucun danger pour vous, vous passerez tranquillement ! Vous avez bien compris, n'est-ce pas ?

Mme de Malicorne et Laurette avaient compris car elles tremblaient déjà. Bellormeau dut leur affirmer pour la vingtième fois que rien n'était plus à craindre aussitôt le poste espagnol enlevé, et que la course jusqu'à Fort Philippe ne serait en réalité qu'une simple petite promenade après dîner.

— Allons, corbleu ! dit héroïquement Malicorne prenant son parti.

— Harnibleu, en avant Monsieur Tatin ! dit Grabel enfonçant son chapeau sur sa tête avec le geste d'un Grillon montant à l'assaut.

7

Pépin Lormel avec Suzon et Tatin gagna la porte de l'hôtel. M. de Bellormeau suivit, guidant M^me de Malicorne et Laurette qui s'appuyaient aux bras l'une de l'autre en soupirant.

Le sergent Bellehumeur et ses hommes disparaissaient déjà au tournant d'une ruelle, on entendait le bruit de leurs talons sur le pavé, le murmure de leurs voix scandé par les *Barbé du diable* et autres jurons gascons du soldat Beausoleil, lequel, bien que du régiment de Picardie, avait vu le jour sur les rives de la Garonne.

— Barbé du diable! jé vous dis, sergent, qu'on leur apporte leur souper à ces mangeurs d'oignon à cette heure-ci même! Jé l'ai bien remarqué hier soir; il ne faudrait pas attendre qu'ils l'aient avalé, voilà mon idée...

On n'en entendit pas plus, on arrivait à la porte de Calais, la seconde porte de Gravelines ouvrant du côté opposé à l'attaque des Espagnols. La troupe de Bellehumeur était massée dans l'ombre et attendait en soufflant sur les mèches des mousquets. Sous le souffle, chaque petite lumière illuminait soudain quelque gaillarde tête militaire, de vieilles barbes roussies déjà par le feu de bien des arquebusades, ou de jeunes et fines moustaches audacieusement relevées en croc. A les regarder tous l'un après l'autre, on ne pouvait douter que Bellehumeur n'eût bien choisi ses hommes.

Bellormeau fit lever la porte. Bellehumeur murmura un bref commandement et sans bruit, sa troupe, abritant les mèches sous le chapeau, disparut sous la voûte. M. de Malicorne pressa la main du gouverneur; il s'attendrissait instinctivement, et se laissait aller à des effusions nouvelles pour retarder le moment de s'enfoncer à son tour dans la campagne sombre. Bellormeau ne le pressa pas trop; il fallait laisser prendre de l'avance à la troupe de Bellehumeur.

## XI

*Un exploit du sergent Bellehumeur. La Bastille
de Fort Philippe.*

A quelques toises de la porte de Gravelines, on était en pleine inondation; toutes les prairies basses étaient couvertes de quelques pieds d'eau que sillonnaient, maintenant invisibles en coupures plus profondes sous la vaste nappe, les innombrables fossés de ces terres marécageuses. La berge de l'Aa émergeait seule et s'en allait droite comme un fil, après un premier coude sous le rempart, jusqu'à Fort Philippe.

Bellehumeur suivit la berge pendant quelques minutes; puis, après avoir bien examiné les lieux, il se jeta sur la gauche dans les terrains inondés, et fit signe à ses hommes de marcher en file derrière lui, sur un petit sentier serpentant entre deux champs et à peine recouvert d'eau sur un pied ou deux, sentier que dans la journée Bellehumeur avait étudié et jalonné, pour ainsi dire, en se marquant des points de repère. Ils avançaient lentement et précautionneusement, avec de l'eau jusqu'à mi-jambe. Chacun d'eux la chevelure au vent, cachait avec son chapeau la mèche de son mousquet. Il s'agissait de ne pas être vu ni entendu des sentinelles espagnoles. Au commencement le danger était moindre, mais, peu à peu, le sentier s'infléchissait à gauche et se rapprochait de l'ennemi. Si l'on était aperçu avant d'avoir tourné le poste avancé à enlever, tout était manqué et la petite troupe se trouvait en sérieux danger.

Par bonheur, à partir de certain bouquet d'arbres, on devait suivre une haie qui émergeait de l'inondation et masquait la marche presque jusqu'à la fin de la course.

— Barbé du diable ! fit tout bas Beausoleil quand on fut au bouquet d'arbres, les hidalgos n'ont rien vu, voilà le plus mauvais passé, me semble ! Brrr ! l'eau est froide, ça fait floc, floc, dans mes bottes, nous allons nous enrhumer, par la tignasse de Belzébuth !

— Silence, bavard de Gascon ! dit Bellehumeur, il est défendu de parler !

— Est-il défendu d'éternuer ?

— Cinq cents jours de prison à celui qui s'enrhumera ! Allons, attention où vous mettez le pied : marchez bien derrière moi !

Bellehumeur sondait le terrain avec sa pique ; le sentier tout à coup baissa, car il eut de l'eau jusqu'aux cuisses.

— Doucement, doucement, mes garçons, dit-il, préservez les mèches surtout !

Mais ce ne fut qu'un passage ; après quelques minutes, le sol remonta, on n'eut plus de l'eau qu'au mollet. On apercevait sur la gauche les lumières du camp espagnol, et des postes avancés se devinaient à une courte distance. Bellehumeur redoublait de précautions ; chaque homme se baissant derrière les buissons dont la tête sortait de l'eau, avançait lentement pour ne pas trahir la marche par un clapotement. Enfin une forte lumière

dans une cabane entourée d'eau s'aperçut dans la nuit. C'était le poste
ennemi qu'il s'agissait de surprendre et de bousculer.

La troupe de Bellehumeur se trouvait maintenant presque entre ce
poste et le camp espagnol.

— Barbé du diable! ils craignent l'humidité, ils ont du feu, on va les
voir comme en plein jour! glissa Beausoleil à l'oreille du sergent.

— Silence!

— Ont-ils reçu leur souper et
l'ont-ils mangé? voilà ce qui me
préoccupe car j'aimerais à rappor-
ter quelque bon morceau de poule
ou de jambon maraudés par ces hidalgos!

— Attention ! mes garçons, dit
le sergent, plus doucement que jamais, nous y sommes !

Un *qui vive* prononcé d'une voix
rauque à cinquante pas de la troupe
éclata dans le grand silence sinistre
de la nuit.

Immédiatement les chapeaux
furent sur les têtes et les mèches
démasquées.

Un coup de mousquet suivit, tiré
par la sentinelle espagnole. La balle

QUI VIVE?

s'égara sans atteindre personne. Aussitôt les vingt hommes de Bellehumeur hurlant les cris de « *France! France! Picardie!* » s'élancèrent en
avant, puis comme au bruit les Espagnols surpris sortaient confusément
de la maisonnette et perdaient du temps à souffler sur leurs mèches et à
préparer les fourchettes des mousquets, les assaillants en quelques secon-
des furent sur eux et, presque à bout portant, déchargèrent leurs armes
dans la masse avec une justesse désastreuse pour les Espagnols.

Plus de la moitié des hommes du poste roula sous les balles à terre

ou dans l'eau ; les autres eurent à peine le temps de tirer sans grand mal
pour les gens de Bellehumeur. Ceux-ci à coups de crosse de mousquet, ou
à coups de pioches renversaient tout ce qui tenait encore.

En un clin d'œil le poste avait été emporté. Quelques Espagnols sau-
tèrent dans l'eau et s'échappèrent. Bellehumeur ne s'occupa point d'eux.
Il fit d'abord rebrousser chemin sur Gravelines à quatre de ses hommes
qui avaient reçu dans la bagarre quelques blessures peu graves et, avec le
reste, entreprit immédiatement la démolition de la maison qui servait
d'abri au poste. C'était une maisonnette de maçonnerie très mince et couverte en chaume ; les murs furent bientôt troués et prêts à tomber.

Quelques hommes attaquaient le plancher qui la surélevait et au-
dessous duquel l'inondation détrempait la terre.

Lorsque Bellehumeur jugea l'œuvre à point, il raviva le feu des Espagnols avec des planches et disposa quelques foyers. Sous un effort violent,
deux murs s'abattirent, la charpente craqua et s'inclina, aussitôt léchée
par les flammes.

— Va bien ! dit le gascon Beausoleil en s'essuyant le front ; qu'ils
tâchent de se réinstaller ici ; je leur conseille d'apporter des échasses s'ils
ne veulent pas d'eau dans leurs souliers...

— Alerte ! cria l'un des hommes qui surveillait le camp de l'ennemi,
les voilà ! Une grosse troupe là-bas, à en juger par le bruit.

— Bon ! ils pataugent dans l'eau, nous avons tout le temps de filer,
dit Bellehumeur ; chargez les mousquets et gagnons la haie...

La petite troupe se trouva bientôt à demi dissimulée par la haie qui
lui indiquait son chemin dans l'inondation. On marchait maintenant
franchement sans souci des éclaboussures. La maisonnette brûlait et le
reflet de sa flamme, dansant sur l'eau, éclairait la route ; elle avait aussi
l'inconvénient de montrer aux Espagnols qui accouraient la petite troupe
en retraite, et des coups de mousquet commencèrent à pétiller, heureusement tirés à peu près hors de portée. Des Espagnols cherchaient à se
glisser entre les gens de Bellehumeur et la ville ; on voyait leurs ombres
courir dans l'eau et sauter au milieu des éclaboussures en poussant de
grands cris, puis tout à coup plonger et se débattre dans les fossés rencon-

trés sous l'inondation. Mais bientôt les tours de Gravelines se distinguè-
rent dans la nuit, la petite troupe rattrapa ses blessés qui clopinaient; elle
était hors de danger, Bellehumeur put se frotter les mains et rire avec ses
hommes. Beausoleil seul maugréait.

— Caboche du diable! grondait-il, je n'ai gagné à notre visite aux
hidalgos qu'un morceau de lard, et du maigre encore, et rance! Voyez!
Ils avaient tout mangé déjà!

— Et les invités de M. le Gouverneur? fit Bellehumeur, j'espère qu'ils
ont pu passer tranquillement pendant notre petite affaire!

— Probable, car je ne crois pas qu'ils se soient arrêtés pour nous
voir travailler... Barbé du diable! rien qu'une tranche de lard rance!

Les invités de M. le Gouverneur, comme disait le sergent Bellehumeur, s'étaient avancés à pas bien timides, guidés ou plutôt tirés par
Pépin Lormel, jusqu'à l'endroit où ils devaient attendre le premier bruit
de l'attaque du poste espagnol avant de continuer dans le passage dangereux.

— Où allons-nous, où allons-nous, grand Dieu? gémissait Mᵐᵉ de Malicorne que Laurette, aussi tremblante qu'elle s'efforçait de soutenir; cette
mince ligne de terre court droit à la mer, n'allons-nous pas nous perdre
et nous noyer?

— Ce n'est pas ce que je crains, j'ai vu de loin le chemin en plein
jour, il n'y a pas à se tromper, grommela Malicorne; ce sont les balles
que je redoute! Tenez, Pépin Lormel, mon garçon, il y aura dix écus pour
vous, si vous nous faites passer sans accident... Dix écus, hein! c'est
mieux qu'hier pour votre course à Fort Philippe!

— Pas la peine, monsieur, répondit le brave garçon, aujourd'hui ce
n'est pas la même chose, ce n'est pas pour vous, ce soir, que je suis ici,
c'est pour M. de Bellormeau! Mais avançons, s'il vous plaît, avançons, ou
nous manquerons le passage au bon moment.

On marchait sur la pente de la berge pour s'abriter le plus possible,
mais avec toutes ces hésitations, les sauts en arrière au moindre caillou
roulant sous les pieds, Pépin Lormel eut beaucoup de peine à pousser son
monde jusqu'à l'endroit indiqué.

— Là! dit-il, attendons les premiers coups de feu et préparons-nous à courir ensuite sans nous occuper de rien, c'est l'ordre de M. le Gouverneur... le passage sera libre.

Tapis dans l'herbe, chacun se faisait tout petit, et, la tête seule dressée au-dessus de la berge dans le vent froid qui venait de la mer, essayait de percer le noir de la nuit. M^me de Malicorne, la main dans la main de sa fille, fermait les yeux pour ne rien voir, M. Grabel grondait tout bas contre son beau-frère qui l'avait entraîné dans cette désagréable aventure.

— Peste soit des ambitieux, disait-il, voilà où vous conduisent vos idées de grandeurs! Ah! il vous faut des gendres soldats, des gouverneurs de ville : en voilà mon ami, en voilà, et des coups de mousquet par dessus le marché, et des coups de canon?... Passe encore s'il n'y avait que vous d'aventuré, mais il y a moi, paisible homme de robe, il y a mon clerc, il y a...

— Chut! fit Pépin Lormel, M. le Gouverneur a bien recommandé le silence.

— Toujours M. le Gouverneur! Voilà un homme qui peut se vanter de nous plonger dans les tracas, M. le Gouverneur!...

La nuit soudain se raya d'une flamme rapide : c'était le premier coup de mousquet de l'attaque; aussitôt d'autres détonations éclatèrent coup sur coup. Cela se passait à très petite distance, deux cents pas à peine; le fracas de la courte lutte, les cris terrifièrent M^me de Malicorne qui se leva d'un bond pour fuir en arrière du côté de Gravelines. Il fallut que Pépin Lormel courût après elle et la ramenât de force vers le groupe.

— Là, dit-il après les dernières détonations, maintenant passons vite !

Mais il y avait encore du bruit là-bas. Bellehumeur et ses hommes s'escrimaient de la pioche maintenant et démolissaient la maisonnette. Malicorne et Grabel refusaient d'avancer.

— Attendons encore un instant, ça n'est pas fini! disait Malicorne.

— Pas tant de presse, appuyait Grabel, soyons prudents!

— Si Monsieur voulait me payer mes gages, dit le cocher Thomas

L'ATTAQUE DU POSTE AVANCÉ.

d'une voix dolente, je m'en retournerais à Gravelines! C'est plus de la
corde maintenant, c'est du plomb, mais ça n'est pas meilleur.

— Imbécile, à Gravelines, il va en pleuvoir du fer et du plomb!

— J'ai vu de bonnes caves solides, monsieur, je préférerais m'en
retourner dedans!...

— Passez donc! répéta Pépin Lormel poussant le gros Thomas qui
poussa les autres. Eh, hop! les Espagnols vont revenir en force et tout à
l'heure nous serons sous leur feu...

C'ÉTAIT LE PREMIER COUP DE MOUSQUET DE L'ATTAQUE.

Grabel et Malicorne ne se décidèrent à poursuivre la route qu'après
bien des tergiversations, lorsque les flammes s'élevèrent au-dessus de la
maisonnette ruinée, lorsque le tumulte et les cris dans les lignes espagnoles leur eurent fait voir le danger d'un plus long retard. Alors il fallut
se presser et courir sur l'étroite berge; Malicorne était en avant, tirant
M^{me} de Malicorne, Grabel en arrière, poussant Laurette et Suzon.

— Là! là! leur cria Pépin Lormel, inutile de s'essouffler; le mauvais
pas est passé, nous approchons de Fort Philippe... Attention aux sentinelles de Fort Philippe, leurs mousquets aussi ont des balles! Et le mot
d'ordre? Laissez-nous aller devant pour nous faire reconnaître...

Malicorne s'arrêta brusquement.

— Ah! oui, le mot d'ordre, fit-il; voilà Fort Philippe, cette masse noire là-bas, mais je ne vois pas le bateau pêcheur...

— Il doit être mouillé derrière le fort, mais on vous attend et l'on va vous y conduire... je vais devant.

— Halte! Qui vive? cria bientôt une voix. Et l'ombre se piqua d'un point lumineux qui était une mèche de mousquet.

— Picardie! Gravelines! répondit Pépin Lormel, c'est nous!

— Avancez!

Un petit groupe attendait à quelques toises de la porte du fort; un jeune officier porteur d'une lanterne s'en détacha et salua poliment les arrivants.

— Je commençais à croire que vous n'aviez pu passer, dit-il, excusez-moi, mesdames, de vous presser tant, mais il s'agit de se dépêcher si vous voulez partir, la mer baisse, le pêcheur vient encore de faire le signal de se hâter...

— Partir ainsi dans cette obscurité, maugréa Malicorne. C'est que nous ne sommes guère marins, nous n'avons même jamais vu la mer, si ce n'est hier, de loin, du haut des maisons de Gravelines.

— Écoutez ce grondement, fit Grabel. Brrr!

— Ce sont les vagues, dit l'officier.

— Vous êtes sûr que ce n'est pas une tempête?

— Non, la mer est légèrement houleuse, voilà tout, le vent est au nord et vous portera rapidement sur Boulogne... mais, je vous en prie, dépêchons. Je ne puis quitter le fort; ces hommes vont vous conduire par les glacis jusqu'au bateau...

— Comme tout est noir! gémit M^me de Malicorne, tiens-moi bien, Laurette... Seigneur, quel voyage! où allons-nous!

— Je ne vois pas les bateaux, fit Malicorne.

— Il n'y a plus que celui qui vous attend et qui menace de partir sans vous. Tout est vide dans les maisons de pêcheurs, les barques se sont envolées au coucher du soleil emmenant femmes, enfants et meubles, par crainte de la guerre; de plus on a signalé au large des navires probablement espagnols...

— La barque est-elle bonne au moins?

— Oui, oui, soyez tranquilles, en quelques heures vous serez à Boulogne!

— Hâtez-vous! hâtez-vous! répéta l'officier, vite à l'estacade!

A pas hésitants, tâtant du pied l'herbe de la dune, les fugitifs accrochés l'un à l'autre par le bras ou par le vêtement, suivaient les soldats sur les pentes du fort.

— La marée baisse terriblement, fit Pépin Lormel : s'il n'y a plus assez d'eau à l'estacade vous aurez de la peine à embarquer sans vous mouiller un peu, je le crains... Vite, vite! à l'estacade!

— Mais où est-elle cette estacade?

— Nous y sommes, dit Pépin Lormel, arrivez! Attention aux pieds! Je cours en avant... pressez! pressez!... Eh bien? Et le bateau?

— Ohé! le bateau! Ohé! criaient les soldats.

Pépin Lormel fut bien vite près d'eux, les yeux écarquillés et s'efforçant de percer l'obscurité où rien ne se distinguait : ni fanal, ni bateau.

— Hé! ho! hé! ho! cria-t-il, les mains en porte-voix autour de la bouche. Rien ne répondit. Plus de bateau et nul bruit sur la mer, rien que le souffle un peu violent de la brise du large qui fouettait les figures, et mettait sur les lèvres la saveur salée des vagues.

— Là! qu'est-ce que je disais! s'écria Pépin Lormel, lorsque les Malicorne eurent rejoint le groupe au bout de l'estacade, plus de bateau, parti, envolé! La mer baisse, il n'a pas voulu attendre davantage pour risquer de s'ensabler et de se faire bloquer ici! C'est vous qui l'êtes, bloqués, maintenant!

Mᵐᵉ de Malicorne hasarda un soupir de soulagement : on ne s'embarquait pas, on ne se risquait pas dans tout ce noir, dans tout cet inconnu.

— Oui, dit Malicorne qui comprit, oui, mais nous voilà forcés de rester définitivement ici; vous ne vouliez pas avancer, vous vous faisiez traîner et voilà où nous aboutissons... Que faire maintenant, que faire?

L'officier était encore sur les glacis du fort quand la petite troupe dolente reparut, gémissant et récriminant.

— Je m'en doutais, fit-il, vous avez perdu du temps! Maintenant il faut vous résigner à être des nôtres; tâchons de rassurer ces dames et rentrons bien vite.

— Où cela? demanda Grabel, à Gravelines?

— Oh! non! après l'alerte de tout à l'heure, les Espagnols feront bonne garde et je ne vous conseillerais pas de rebrousser chemin. Entrez dans le fort et demain au jour nous verrons ce qu'il conviendra de faire.

Transis et désolés, les fugitifs suivirent l'officier sans mot dire.

Fort Philippe n'était qu'un gros bastion du xvi° siècle, une Bastille comme on disait, élevée sur les débris d'un fort plus ancien pour garder l'embouchure de la rivière de Gravelines. La place était mesurée, il n'y avait rien à l'intérieur du rempart terrassé qu'une petite esplanade sur un des côtés de laquelle s'élevaient un petit magasin et des logements casematés pour la garnison.

— Où vais-je les mettre? Où les installer pour la nuit? se disait l'officier embarrassé de ses hôtes.

Il eut un conciliabule avec un sergent qui prit une lanterne et se perdit avec lui dans les bâtiments intérieurs. Il resta cinq minutes absent, mais ces cinq minutes parurent fort longues au pauvre Malicorne abattu et transi.

— J'ai trouvé tout de même à vous loger pour cette nuit, dit l'officier en reparaissant, je sollicite toute l'indulgence de ces dames. Vous le voyez, Fort Philippe est bien petit et n'a jamais logé que des soldats peu difficiles... Hélas! je n'ai qu'une grande chambre vide, quatre murs à vous offrir, mais des murs solides de six pieds d'épaisseur!

— Une seule chambre! murmura M^{me} de Malicorne.

— Oh! dit Laurette, pourvu que nous ayons un abri, c'est tout ce que je demande moi!

— Vous allez voir... Hélas! c'est à peu près tout, un abri et rien de plus!

Le soldat éclaira une porte basse; il fallut descendre quelques marches et l'on se trouva dans une grande pièce voûtée qui ne renfermait que trois ou quatre vieux tonneaux défoncés pour tout mobilier. M<sup>me</sup> de Malicorne effarée recula. Malicorne, qui semblait résigné à tout, ne fit nulle observation et se contenta de jeter un regard désolé à Grabel.

— Mais... c'est une cave! dit M<sup>me</sup> de Malicorne.

— Non, madame, c'est un magasin à vivres, vide, malheureusement.

— Quelle horreur! Et nous allons coucher sur la pierre?

— Non, madame, je vais vous envoyer un lit, le seul que je possède; accordez-moi toute votre indulgence... avec de bonnes bottes de paille bien fraîche en guise de matelas et de lit de plumes.

— Quoi, tous ensemble dans cette pièce?

— Nous avons une bonne provision de planches; en un clin d'œil, mes hommes vont établir une cloison de séparation: de ce côté les dames, et par là ces messieurs... Nous verrons demain à faire mieux; l'essentiel est que vous puissiez dormir tranquilles cette nuit... je vous demande un quart d'heure.

Vingt minutes après, tout était arrangé et disposé, le lit apporté, la cloison faite, le grand lit de camp dressé et garni de paille fraîche; les nouveaux locataires de Fort Philippe n'avaient plus qu'à entrer dans leur appartement. Par bonheur ils étaient tous fatigués, la promenade nocturne sous la brise froide les avait achevés, ils tombaient de sommeil et ne tardèrent pas à s'endormir.

## XII

*Comment les réfugiés de Fort Philippe occupèrent leurs
journées avec plus ou moins d'agrément.*

— Hélas! Hélas!

— Hein? qui est là? qui donc gémit ainsi?

— Qui? C'est moi, Grabel, votre victime!... faites attention donc,
vous me donnez un coup de pied dans les côtes!

Dans un bruit de paille remuée, M. de Malicorne se soulève précautionneusement et tâtonne à côté de lui. Il fait noir comme au fond d'un
four en ce froid logement casematé où les fugitifs ont été si incommodé-
ment logés à Fort Philippe.

— Ah! oui! fit Malicorne à qui la mémoire soudain rappelle travers et tribulations, ah! oui! nous sommes... aïe!

— Oui, aïe! répond tristement Grabel, oui, aïe! Voilà où votre soif des grandeurs nous a fourrés! Joli logement vraiment, charmante situation!

— Agréable voyage! qu'on m'y reprenne! gémit une voix à côté d'eux.

— Ah! c'est vous Tatin, vous êtes là aussi, mon ami?

« AUJOURD'HUI EST-CE DEMAIN MATIN, OU EST-CE ENCORE HIER SOIR? »

— Hélas! j'aimerais mieux être autre part! Comment tout cela va-t-il finir?

Grabel grognant et Tatin mugissant se retournèrent péniblement sur leur botte de paille et il se fit un silence.

— Voyons, reprit Malicorne, y a-t-il longtemps que nous dormons? Aujourd'hui, est-ce demain matin, ou est-ce encore hier soir?

— Je vais voir, dit Grabel se hasardant à se lever à tâtons... Voyons la porte! Trouverai-je la porte seulement?

— Que se passe-t-il encore? gémit la voix de M^me de Malicorne dans la pièce à côté. Seigneur! est-ce encore quelque nouvelle calamité qui fond sur nous?

— Rassurez-vous, mignonne, répondit Malicorne, nous sommes dans l'obscurité et nous cherchons la porte pour voir si nous sommes au matin... Y êtes-vous, Grabel?

— Ah! la voilà, dit Grabel en tirant sur une énorme clef.

La porte s'ouvrit en grinçant et laissa voir dans une lumière blafarde l'esplanade de Fort Philippe.

Il faisait jour, mais le soleil ne daignait pas se montrer; il pleuvait, le temps semblait complètement couvert. Quelques soldats se montraient sur les portes de leur logement; un seul factionnaire s'abritait dans une guérite de pierre à l'un des angles du rempart, derrière les canons à demi estompés dans la brume.

Au grincement de la porte, l'officier parut et vint au-devant de ses hôtes forcés.

— Eh bien! messieurs, triste temps, réjouissons-nous, les Espagnols vont s'enrhumer, les pieds dans l'inondation et l'eau du ciel sur la tête, tandis que nous sommes à l'abri, nous! J'espère que vous avez passé une bonne nuit dans la mauvaise auberge que je vous ai procurée. Bonne paille, n'est-ce pas? Je suis au désespoir de n'avoir pu vous trouver mieux dans cette vieille bicoque de Fort Philippe, mais à la guerre comme à la guerre! Vous en riez tous comme moi, n'est-ce pas?

— Nous avons dormi sur votre paille, dit Malicorne, et oublié dans le sommeil notre malheureux sort...

— Malheureux sort! n'exagérez pas, ce sont des petites aventures de voyage, des distractions qui coupent la monotonie de la vie... il faut prendre tout cela gaîment, monsieur, joyeusement même! Faites comme moi : croyez-vous que je me plaise à Fort Philippe?

— Non, car je ne m'y amuse guère, dit Grabel.

— Je suis furieux contre M. de Bellormeau...

— Moi aussi! dit Malicorne.

— Qui m'a donné à garder ce Fort Philippe, lequel vraisemblablement ne sera pas attaqué et restera bloqué seulement, de sorte qu'il ne tirera pas un seul coup de canon, je parie, tandis que tout l'agrément et tout l'honneur vont être pour nos camarades de Gravelines... Si je ne trouve pas le moyen de me frotter un peu à l'ennemi que nous avons là sous les yeux, je vais périr d'ennui dans ces murs ! Aussi croyez bien que, désolé pour vous du contretemps qui vous a empêchés de partir avec les pêcheurs hier soir, je suis charmé pour mon compte du plaisir de vous avoir chez moi !

Le jeune officier salua galamment ses hôtes sans paraître s'apercevoir qu'il les aspergeait avec la plume de son chapeau tristement changée en goupillon par la pluie.

— Veuillez me permettre de me présenter reprit-il : M. de Mesnil, deuxième lieutenant au régiment de Picardie... j'ai quelques parents et amis à la cour, peut-être les connaissez-vous ? Etes-vous de la cour ?

— Non Monsieur : j'ai une petite terre en province : Malicorne, à quatre lieues d'Amiens, mon beau-frère que voici est...

Grabel tira sur la manche de Malicorne qui s'arrêta.

— M. de Bellormeau, ajouta le lieutenant, en me prévenant et en me recommandant tous les égards pour ces dames et toutes les précautions pour votre sécurité m'a dit les liens de parenté qui allaient vous unir... Je souhaiterais le rencontrer dans une sortie à travers le camp ennemi pour lui faire mes compliments... M'accorderez-vous, monsieur, la faveur de me laisser offrir tout à l'heure mes humbles hommages à ces dames ? Je suis peu présentable, mais je les prierai d'excuser l'inélégance et le sans façon de ma toilette : nous sommes des soldats en campagne !

— Certainement, monsieur.

— A tout à l'heure, alors, messieurs.

Quand le jeune officier se fut éloigné, Malicorne se retourna vers Grabel.

— Pourquoi m'avez-vous tiré par la manche? demanda-t-il.

— Parce qu'il est inutile de me nommer et surtout de dire ma qualité de procureur; ce jeune officier a bien fait de dire son nom, il était temps de vous arrêter.

8

— Vous le connaissez ?

— Mon étude le connaît : il est couvert de dettes, poursuivi à outrance par ses créanciers, et j'en représente quelques-uns...

— Diable !

— Oui nous plaidons ! C'est un gaillard ; nous sommes une bonne demi-douzaine de procureurs à l'assaillir... Alors ne prononcez pas ce mot ici : mauvaise recommandation. Je suis surpris qu'il n'ait pas reconnu mon clerc qui a eu quelques questions de procédure à démêler avec lui... il faisait heureusement sombre hier soir : je vais prévenir Tatin d'avoir à se garder et à se dissimuler.

La pluie tombait toujours. Les dames étaient à leur toilette, toujours gémissantes. Quand elles se décidèrent à mettre le nez dehors pour examiner un peu le triste abri où le sort les avait jetées, elles durent s'encapuchonner dans leurs jupons et sautiller dans les flaques d'eau sur la pointe des pieds.

— Miséricorde, quelle ondée ! gémit Mᵐᵉ de Malicorne. Il ne nous manquait plus que cela, ma pauvre Laurette ; qu'allons-nous devenir ici ? Encore une fois, quelle fatale idée a eu ton père d'accorder ta main à un fiancé dont le premier soin est de plonger ses beaux-parents dans de pareilles détresses !... Et un fiancé qui a tant à se faire pardonner déjà, cette estafilade qui lui coupe la figure, cette jambe de bois... Quelle averse ! quelle averse !

— Rentrons chez nous, dit Laurette.

— C'est gai chez nous, cette cave sans fenêtres où nous sommes entassés...

— Mesdames ! Mesdames ! dit gaîment l'officier reparaissant tout ruisselant, daignez entrer dans mon logement. Je vous offre mes civilités les plus humbles et je mets à vos pieds tout ce que le fort possède, pierres, canons et la garnison avec ! Laissez-moi vous dire à quel point je me félicite pour mon compte du contre-temps qui vous a retenues ici, tout en le déplorant pour vous bien entendu ! Notre séjour ici est bien monotone, nous ne sommes pas attaqués, nous ; l'Espagnol nous dédaigne, sachant bien que si Gravelines succombait, Fort Philippe tomberait tout seul... Nous allons

SUR L'ESPLANADE DE FORT PHILIPPE.

bien nous ennuyer, ennuyons-nous tous ensemble pendant que vous êtes là, mais prenons les choses avec gaîté ; ennuyons-nous joyeusement, follement ! Etes-vous de mon avis ?

— Mais n'aurons-nous pas un autre bateau, monsieur, demanda Laurette, pour regagner les régions où la guerre ne sévit point ?...

— Je doute, mademoiselle, que les pêcheurs de Fort Philippe se hasardent à revenir tant que les Espagnols seront là, mais la chose, tout improbable qu'elle soit peut arriver cependant ; attendez quelques jours avant de rentrer à Gravelines... Avec un peu d'adresse, il sera toujours possible de regagner Gravelines par la partie de dunes qui nous reste au-dessus de l'inondation de l'autre côté de la rivière... Prenez patience le plus gaiement possible... J'espère que vous me ferez l'honneur de partager ma table pendant tout le temps que vous resterez ici, je compte sur vous, c'est entendu... Etablissez-vous dans mon logement, ce sera notre salon Mesdames, nous causerons... J'avais une guitare chez moi à Paris, je ne l'ai pas apportée en campagne ne pensant pas avoir de loisirs ; combien je le regrette aujourd'hui !... Aimez-vous le jeu, messieurs ? Nous ferons d'interminables parties d'hombre ou de lansquenet... Je ne vous cache pas que je suis un peu joueur, je jouerais jusqu'au fourreau de mon épée.... à défaut de pistoles, qui sont assez rares au fond de ma poche, je jouerais les canons de Fort Philippe ! C'est dit, entrez vous chauffer, j'ai une cheminée...

— Allons ! de la gaîté, morbleu, dit Malicorne.

— Vertubleu, réjouissons-nous ! acheva Grabel d'une voix lugubre.

— Et puis, ajouta l'officier, avez-vous de l'appétit ? Il est temps de se mettre à table, je fais apporter le déjeuner.

— Peut-être serons-nous mieux traités ici qu'à Gravelines, pensa Malicorne, cela m'irait assez !

Un soldat apporta une pile d'assiettes, quelques larges hanaps et jeta une nappe sur la table du lieutenant après l'avoir débarrassée d'un grand plan de Gravelines, d'une paire de pistolets, d'un tire-botte et d'une poire à poudre, d'une petite glace à main et quelques autres menus objets qui l'encombraient. Ces préparatifs amenèrent une détente dans la mauvaise humeur de Malicorne qui parut disposé à voir toutes les choses moins en noir.

M. de Mesnil offrit cérémonieusement le bras à Mme de Malicorne et se plaça entre elle et Laurette. Il passa le coin de sa serviette dans une boutonnière de son pourpoint, frisa sa moustache et frappa sur la table.

— La Rose, servez !... dit-il majestueusement.

Quand le soldat reparut avec un vaste plat fumant, Malicorne n'eut pas besoin d'écarquiller les yeux pour deviner la nature du régal servi, le fumet suffisait.

— Morue salée ! dit gaiement l'officier ; je dois vous prévenir d'avance que nous n'aurons pas une grande variété dans nos festins, morue salée le matin, morue salée à midi, morue salée au soir. Voici la carte : c'est tout ce que M. de Bellormeau a donné à la garnison de Fort Philippe. Il nous condamne à faire carême ! soit ! faisons carême... Rions de tout cela, amusons-nous ; nous aurons, comme dessert, une bonne partie de lansquenet, voulez-vous ?

— Quoi, rien que de la morue ?

— Rien autre chose ! Et pas beaucoup de pain, je dois vous prévenir. M. le Gouverneur a lésiné aussi sur la quantité de farines attribuée au détachement de Fort Philippe, il a complété la provision avec beaucoup de son et autres balayures de magasin... Hier les pêcheurs étaient encore là, nous avons pu avoir un peu de poisson frais ; à partir d'aujourd'hui c'est fini, carême complet. Nous sommes au régime de la morue salée ; ce sont les petites misères de la vie d'assiégé. J'en suis à ma quatrième campagne, mais je ne m'étais pas encore trouvé en citadelle assiégée, plaisir nouveau, j'en suis bien aise, car il faut tout connaître, il faut goûter à tout ! Je vois que vous êtes comme moi et que tout ce bouleversement de nos petites habitudes vous amuse prodigieusement.

Le jeune officier se renversa dans son fauteuil en éclatant de rire. Malicorne et Grabel essayèrent de faire écho, mais leur rire sonna lugubrement.

Quand le maigre déjeuner eut été expédié, M. de Mesnil témoigna encore son mécontentement d'avoir oublié sa guitare, pour la distraction des dames, puis comme la pluie tombait toujours et que rien ne remuait du côté de l'ennemi, qui avait assez à faire de se préserver des eaux du ciel, il proposa de commencer immédiatement les parties de lansquenet dont il se réjouissait si fort d'avance. Pour les dames, il mit sa bibliothèque à leur disposition ; elle contenait quelques volumes ; le *maniement d'armes des piquiers et mousquetaires de l'infanterie française*, enrichi de figures ; *de la défense des places tant chez les peuples anciens que chez les*

M. DE MESNIL MIT SA BIBLIOTHÈQUE A LA DISPOSITION DE CES DAMES.

*modernes ;* le *Cid, tragédie du sieur Corneille* et deux tomes dépareillés, le IVᵉ et le IXᵉ, d'un roman en dix volumes de M. de Scudéry.

Comme, de plus en plus joyeux M. de Mesnil se mettait à battre les cartes, M. Grabel eut une petite alerte ; son clerc Tatin se présenta pour lui parler. Il avait déjeuné de son côté et venait se plaindre de la morue.

Le lieutenant le regardait en homme qui se dit : « Il me semble avoir déjà vu cette figure là quelque part ! » Grabel s'en aperçut et se hâta sous un prétexte quelconque de tirer Tatin à part sur le pas de la porte, pour l'avertir et bien lui recommander de ne se laisser reconnaître sous aucun prétexte.

Le clerc n'eut pas de peine à saisir l'importance de la recommandation ; il avait reconnu l'officier et se rappelait lui avoir porté des poulets désagréables lui enjoignant d'avoir à payer dans le plus bref délai possible des sommes à d'impitoyables créanciers. Il baissa le nez, tordit sa bouche et essaya de se composer une grimace qui le rendît méconnaissable.

— C'est un de vos parents ? demanda l'officier.

— Un ami, se hâta de dire Malicorne, un jeune homme sans importance.

— Je le morigénais de sa gourmandise, dit Grabel revenant : il a promis de n'être plus si difficile.

— Allons, dit l'officier, qu'il s'asseye avec nous, il se consolera de la morue avec les cartes.

La partie commença, pendant que Mᵐᵉ de Malicorne et Laurette, à la fenêtre d'une petite pièce à côté, se plongeaient dans la lecture des tomes IV et IX en regardant la pluie tomber sur un angle du bastion. Partie après partie, le jeu mena les assiégés jusque vers deux heures. Grabel, après avoir gagné sept ou huit pistoles à l'officier en perdait quatre et Malicorne deux que Tatin et l'officier se partageaient. On fut tiré des émotions du lansquenet par l'arrivée du soldat chargé de la cuisine.

— Déjà le dîner ! fit M. de Mesnil en enlevant prestement les cartes pour débarrasser la table.

— Encore de la morue ! soupira Malicorne.

— Aux fourchettes, messieurs, nous reprendrons la partie après ! Eh bien ! que dites-vous de cette petite existence d'assiégés quand on sait se distraire ? Cela ne va pas mal du tout, et nous aurions seulement une petite attaque de temps en temps que ce serait parfaitement délectable ! Mesdames, le dîner vous attend !

Juste comme on finissait de dîner, la pluie cessa de tomber, un coin de bleu parut dans le ciel par lequel un rayon de soleil se glissa. Grabel demanda aussitôt à ne pas reprendre la partie et à marcher un peu au dehors ; on en avait assez de rester enfermé. M. de Mesnil offrit son bra à Laurette pendant que Mᵐᵉ de Malicorne s'accrochait au bras de son mari pour sauter dans les flaques en reprenant ses lamentations.

Les soldats sortaient aussi de leur logis et s'alignaient sur l'esplanade pour faire l'exercice. M. de Mesnil avec Laurette rougissante à son bras et les autres assiégés derrière lui, les passa en revue.

— Regardez-moi ces gaillards, dit l'officier à ses hôtes, tous vieux soldats qui ne demanderaient qu'à voir l'Espagnol de plus près ! Si je ne trouve pas le moyen de leur faire prendre part aux distractions des camarades de Gravelines, ils vont périr d'ennui ou bien l'inaction va les engraisser... des soldats avec de la graisse, fi !... je serais obligé de leur réduire la ration de morue ! Allons, sergent, faites manœuvrer les piquiers !

M. de Mesnil engagea ses hôtes à monter sur le rempart. Le ciel se nettoyait, le soleil se montrait plus franchement et faisait étinceler l'eau de l'inondation ; la mer était basse, on la voyait au loin verte et jaune avec quelques franges d'écume, comme après le mauvais temps. Une immense étendue de sable se découvrait, bordée de dunes à l'herbe blanchâtre, semée d'ajoncs aux tons violacés et de fleurs jaunes. Immédiatement au-dessous du fort, le long du sable, les toits de chaume des petites maisons se montraient dépassant à peine l'herbe de la dune.

Et nulle voile à l'horizon sur les lames vertes de la mer ! Malicorne en soupira, lui qui, la nuit précédente, avait montré si peu d'empressement à courir s'embarquer. Il se retourna du côté de la terre. Gravelines à une demi-lieue étalait dans un rayon de soleil, ses toits rouges, son beffroi municipal, le clocher de son église et ses moulins au-dessus des remparts dont on distinguait presque les embrasures et les canons.

Juste à ce moment, de la fumée jaillit vers la porte de Dunkerque et le canon tonna.

— M. de Bellormeau reprend la conversation avec les troupes de S. M. le roi d'Espagne, dit le lieutenant, les Espagnols travaillent à leurs tranchées, il s'agit de contrarier un peu leurs plans... Tenez ! voilà l'ennemi qui répond !

La partie de lansquenet reprise continua jusqu'au soir, à peine coupée de courtes absences du lieutenant, qui s'en allait régulièrement toutes les heures voir si rien de nouveau ne se produisait du côté de l'ennemi. La chance s'acharna contre M. Grabel qui perdit douze pistoles et contre

Tatin qui n'en perdit que deux, mais fut obligé de les emprunter à son patron.

— Plus je regarde monsieur, dit l'officier en désignant le clerc, plus il me semble l'avoir déjà rencontré... où? je ne sais trop... je cherche, voyons, aidez-moi donc.

— Auriez-vous tenu garnison à Rouen? se hâta de dire Grabel. Monsieur est de Rouen et en arrive directement.

— Je n'ai jamais été à Rouen... Il me semble pourtant bien l'avoir vu, et même, c'est drôle, m'être querellé avec lui!

— Quelle idée! quelle idée! c'est parfaitement impossible pour deux raisons : primo, parce que monsieur Tatin est de mœurs douces, et secondo parce qu'il n'avait pour ainsi dire jamais quitté Rouen avant de nous accompagner en Flandre... Allons, monsieur, ma revanche!

— Trop tard, cher monsieur, voici l'heure de la morue, on nous l'apporte; il faut ranger les cartes et attaquer le souper!

— En se retrouvant seuls pour la nuit sur leur lit de paille, Malicorne et Grabel agitèrent une grave question : fallait-il essayer de rentrer à Gravelines ou demeurer à Fort Philippe malgré ses inconvénients, le gîte médiocre et la morue coriace? Il y avait du pour et du contre.

— Ajoutez à ces inconvénients, dit Grabel, la chance insolente de M. de Mesnil au lansquenet.

— Oui, mais la chance peut tourner, et puis, qu'il se présente un bateau pour fuir cette Flandre inhospitalière...

— A Gravelines au moins, nous avions plus de variété dans l'alimentation! J'en ai assez de morue salée... Je meurs de soif!

— Mon ami, à Gravelines, il y a en plus des coups de canon; vous avez entendu tout à l'heure encore : ils ont eu une bonne demi-heure de canonnade au coucher du soleil... Attendons un peu, c'est le meilleur!

La seconde journée de Fort Philippe se passa exactement comme la première; le surlendemain fut la répétition de la veille et les jours suivants également.

— Est-ce que nous allons encore rester longtemps ici? dit enfin Grabel, un soir qu'il avait été particulièrement malheureux au jeu. Savez-vous, monsieur, que l'hôtellerie me coûte en moyenne quatre pistoles par jour, sans compter que j'ai dû avancer à Tatin huit mois d'appointements qu'il a perdus aussi... J'en ai assez! Et le logement misérable, ce lit de camp qui manque de douceur, ces bottes de paille... Et cette morue salée toujours!

— Je suis comme vous, je meurs de soif; cette morue salée m'altère effroyablement, et l'eau ne me rafraîchit pas.

Depuis plusieurs jours le dernier baril de la petite provision de bière de Fort Philippe ayant été mis à sec, on en était réduit à s'abreuver de l'eau du puits, saumâtre et de très mauvais goût, ce qui avait singulièrement attristé l'heure des repas.

— Eh bien alors, que faire?

— Rentrer à Gravelines.

— Malgré la canonnade?

— En passant par la dune... Et nous demanderons à notre gendre de nous loger dans un endroit bien abrité...

— Soit, et ne prévenons Mᵐᵉ de Malicorne qu'au dernier moment, pour éviter de lui donner des émotions d'avance.

Malicorne et Grabel avant de rentrer se jeter sur leur botte de paille retournèrent chez M. de Mesnil pour lui faire part de leur intention de rentrer en ville.

L'officier revenait des chambrées des soldats, accompagné de Pépin Lormel qu'il avait l'air de tancer vertement.

— Savez-vous, cher monsieur de Malicorne, ce que je viens de découvrir? C'est inouï, mon digne monsieur Grabel, inouï!

— Quoi donc? firent les deux hommes inquiets.

— Voici : en passant dans la cour, il me semble tout à coup percevoir un appétissant fumet de civet qui vient me chatouiller agréablement l'odorat... Du civet, quand depuis plus de huit jours nous ne vivons que de morue! Je suis la piste, j'ouvre une porte, je prends un couloir et j'entre dans une chambre où je trouve M. le Majordome de M. le Gouverneur attablé avec mes sergents devant un énorme plat de lapin sauté.

— Oh! s'écrièrent à la fois Malicorne et Grabel.

— Oui! quand nous succombons sous la morue! s'exclama le lieutenant.

— Je vais vous expliquer, monsieur, dit Pépin Lormel. En portant des messages à M. le Gouverneur, par la dune inondée, j'avais remarqué beaucoup de terriers dans un espèce d'îlot plus couvert que les autres de mauvaises herbes et de broussailles... alors en passant je plaçais des collets et au retour, je trouvais quelques lapins pris à mes pièges.

— Ainsi, ce n'est pas la première fois que vous vous régalez en cachette sans seulement apporter une part de votre festin au commandant de Fort Philippe?

— Monsieur, ma chasse était trop maigre pour oser offrir un méchant petit lapin ou deux, ou trois au plus! Quelquefois je revenais bredouille : on avait visité mes collets avant moi, ou je trouvais d'autres collets que je n'avais pas posés, et alors vous pensez, je ne me gênais pas pour ramasser le gibier... j'ai su depuis qui allait ainsi sur mes brisées : c'est le sergent Bellehumeur qui vient chaque nuit de Gravelines!

— Ces vieux soudards, ça connaît la maraude! dit M. de Mesnil. Bellehumeur chasse et je parie que M. le Gouverneur ne goûte pas plus que moi aux produits de sa chasse.

— Monsieur, dit tristement Pépin Lormel, je crois que nos terriers sont épuisés ; ils ne donnent plus guère, nous devons en être à nos derniers lapins.

— N'importe! J'entends que vous m'y fassiez goûter ; vous retournerez à votre garenne, je veux offrir un vrai festin à M. de Malicorne, un festin digne de lui!

— Merci, dit Malicorne mélancoliquement, il est trop tard. Nous venons de prendre, mon ami et moi, la résolution de nous en retourner à Gravelines, nous voyons qu'aucun bateau de pêche ne revient à Fort Philippe, et qu'il faut nous résigner à notre sort...

— Vous me voyez désolé, et j'espère encore que vous changerez d'avis, dit M. de Mesnil, mais autre chose!

— Quoi donc?

— J'y suis maintenant, cela vient de me revenir tout à coup! Votre

bon jeune homme, votre jeune M. Tatin, je disais bien que je le connais-
sais, j'ai déjà eu affaire à lui, le drôle.

— Plaît-il? balbutia Grabel.

— Eh oui ! c'est un méchant clerc de procureur qui me poursuivait à
outrance pour certaines petites dettes... Le polisson, sa figure désagréable
ne me revenait pas, je l'avais trop vue, parbleu, quand il m'apportait ses
grimoires, assignations, commandements et autres vilaines choses !

AU RETOUR, PÉPIN LORMEL TROUVAIT QUELQUES LAPINS PRIS AU PIÈGE.

— Vous nous étonnez bien, dit Grabel.

— En vérité, ajouta Malicorne, je le croyais à peine débarqué de
Rouen...

— Je lui couperais volontiers les oreilles si je ne me retenais, mais
le sacripant après tout n'est qu'un simple clerc, un mince saute-ruisseau
indigne de ma colère. Oh ! si je tenais le procureur, son patron, le sieur...
Impossible de retrouver son nom.

— Il se fait tard, dit Malicorne, et vous nous avez dit que pour éviter
tout risque il fallait partir avant l'aube. Nous vous disons donc adieu,
monsieur, en vous remerciant des bonnes attentions que vous avez eues
pour nous pendant notre séjour... Pépin Lormel nous conduira...

— Croyez, dit en terminant M. de Mesnil, que vous allez bien me manquer, cher monsieur de Malicorne, et vous aussi, mon cher Grabel, et nos petites parties de lansquenet si récréatives ! Si les Espagnols ne nous donnent bien vite un peu de distraction, je vais m'ennuyer à périr... Et ce petit serpent de Talin, dites-moi, est-ce que cela vous contrarierait si je le faisais un peu bâtonner au départ... oh mais légèrement, une petite satisfaction?...

— N'en faites rien, monsieur, vous l'avez dit, c'est un simple saute-ruisseau indigne de votre colère.

— De votre légitime colère ! appuya Grabel.

## XIII

*Le Gouverneur de Gravelines et son prédécesseur espagnol.*

Il faisait encore nuit quand Malicorne frappa à la porte de M<sup>me</sup> de Malicorne et lui cria de rapidement s'habiller pour quitter Fort Philippe. Il lui expliquerait plus tard la raison de ce changement ; le temps pressait, pressait, on n'avait qu'une demi-heure pour les préparatifs. Grabel était allé secouer Tatin qui refusait de s'éveiller ; il lui fallut, pour réussir à le mettre debout, l'avertir que M. de Mesnil l'avait reconnu et projetait de clouer ses oreilles à la porte de sa Bastille. Tatin tout tremblant, les cheveux et les vêtements pleins de paille, fut aussitôt dans la cour du fort, le plus près possible de la porte, pour être le premier à sortir.

M^me de Malicorne et Laurette se dépêchaient. Malicorne grondait, pressant la chambrière Suzon, bousculant le cocher Thomas. Grabel recommandait surtout de ne pas faire de bruit pour ne pas réveiller M. de Mesnil. On aurait dit des prisonniers entreprenant une évasion. Enfin tout le monde fut dans la cour, sous un pâle rayon de lune. On trouva Tatin, tout grelottant, qui parlementait avec le factionnaire de la porte. Pépin Lormel arriva au même instant avec le sergent de garde : les hommes du poste baissèrent le pont-levis et l'on se trouva sur les glacis du fort.

LES HOMMES DU POSTE BAISSÈRENT LE PONT-LEVIS.

— Nous voilà encore une fois dans les aventures, gémit M^me de Malicorne, les mauvaises, les tristes aventures !

— Plus bas ! Plus bas ! Si les Espagnols nous entendaient !

— Et ne réveillons pas M. de Mesnil, dit Grabel, marchons vite !

L'aventure heureusement ne fut ni longue ni mauvaise. On trouva un batelet caché dans un fossé et l'on traversa l'Aa peu large alors, la marée étant basse. Par exemple, s'il y avait peu d'eau dans la rivière, il s'y trouvait de la vase, il y avait un large espace boueux à traverser avant de prendre pied sur la dune. C'était l'endroit difficile. Pépin Lormel et le

cocher Thomas transportèrent les dames, mais les hommes et la chambrière Suzon, qui était une femme de poids, durent se risquer dans la
vase. Malicorne et Grabel en eurent jusqu'aux mollets. Tatin qui se pressait comme si le lieutenant de Mesnil eût été à ses trousses s'enfonça jusqu'aux genoux et ne se retira du bourbier qu'en se décidant à marcher à
quatre pattes.

Il arriva dans un triste état sur la berge.

Grabel qui lui avait tendu la main pour l'aider à prendre pied s'en
aperçut.

ILS EURENT DE LA VASE JUSQU'AUX MOLLETS.

— Pouah ! vous êtes horriblement sale, Tatin, s'écria-t-il. On pré-
vient, mon garçon, on ne se jette pas dans les bras des gens en pareil
état : me voilà propre aussi maintenant !

— Ce n'est rien, dit Pépin Lormel, l'eau ne manque pas, et je dois
vous prévenir que nous avons encore quelques passages inondés assez peu
commodes.

— Passons-nous par la dune aux lapins ? demanda Malicorne.

— Oui, j'ai encore placé quelques collets, nous verrons si tout mon
gibier est mangé !

Hélas ! Pépin Lormel avait sans doute vidé les terriers, car il n'y avait de pris qu'un innocent petit lapereau de deux mois à peine. Malicorne le mit précieusement dans sa poche.

L'aube paraissait derrière les toits de la ville quand les fugitifs, après bien des détours sur des parties de dune émergeant de l'inondation, arrivèrent au fossé de Gravelines. Pépin Lormel se fit reconnaître du factionnaire et le pont-levis se baissa pour eux sans difficultés.

— Qui m'aurait dit l'autre jour que je serais content de rentrer à Gravelines ! murmura Malicorne, comme la petite troupe boueuse gagnait par les rues étroites et silencieuses l'hôtel du gouverneur.

— Nous ne sommes plus guère présentables en cet état ! grommelait Grabel ! J'ai une livre de vase dans chacun de mes souliers. Quant à Tatin, il va falloir le tremper dans un baquet. Et nous manquons d'effets de rechange ! Toutes les malechances ! Fatal voyage ! Que doit penser M$^{me}$ Grabel en ne nous voyant pas revenir ?

— Tant pis, M. de Bellormeau nous prêtera des vêtements, s'il nous manque quelque chose : c'est son devoir, puisque tout ce qui nous arrive, après tout, c'est à cause de lui.

Des bruits de tambours et de trompettes sur les remparts auxquels répondirent d'autres trompettes dans le camp espagnol interrompirent Malicorne. C'était la diane qui sonnait dans les deux camps, répercutée par tous les échos des bastions. Juste à ce moment, M. de Bellormeau, botté, sanglé dans son justaucorps, l'épée au côté, sortait de l'hôtel avec M. de Hurtebise qui venait de passer la nuit au rempart et lui faisait son rapport avant d'aller prendre du repos.

Les deux officiers manifestèrent une vive surprise.

— Quoi, vous étiez tranquilles dans Fort Philippe, qui n'est point attaqué, et vous revenez dans Gravelines où il arrive chaque jour quelques douzaines de boulets espagnols ! fit Bellormeau. Je suis enchanté de vous voir, je m'inquiète seulement pour vous, pour votre tranquillité... je crains les émotions du siège pour M$^{me}$ de Malicorne et pour M$^{lle}$ Laurette...

— Vous avez des caves solides, n'est-ce pas ? demanda Malicorne.

— Oh ! soyez tranquille, je trouverai bien un abri pour ces dames...

— Avec un petit coin pour nous... En attendant, mon gendre, faites-nous donner de l'eau : voyez dans quel état nous vous arrivons !

— Pépin Lormel va s'occuper de tout cela. Mesdames, je vous présente tous mes respects... Je vais pour quelques courts instants au rempart ; disposez de tout dans l'hôtel, dans votre ancien appartement et dans le mien.

Les quelques courts instants de M. de Bellormeau durèrent longtemps, jusque bien près de midi. Il se trouva sans doute très occupé au rempart et ses occupations furent quelque peu bruyantes, car une canonnade violente s'engagea dans laquelle toutes les pièces de Gravelines durent faire leur partie, à en juger par la rapidité des détonations qui se suivaient sans grands intervalles. Les travaux des Espagnols avançaient d'une façon inquiétante, les zigzags de leurs tranchées approchaient du bastion sur la droite de la porte.

Ce matin-là, M. de Bellormeau fit une forte dépense de munitions ; il devait en user avec économie, ordinairement, mais cette fois il y avait motif à une certaine prodigalité. Cette dépense en poudre et boulets ne se fit pas en pure perte heureusement : tous les travaux des Espagnols durant la nuit furent bouleversés ou détruits, les embrasures et les plates-formes démontées et ruinées.

M. de Bellormeau quitta le rempart tout joyeux : l'établissement de la batterie de brèche était reculé au moins d'un jour. Les affaires n'allaient pas trop mal d'ailleurs, la garnison n'avait eu jusqu'à présent qu'une vingtaine d'hommes hors de combat. Malgré son petit nombre, elle harcelait l'ennemi autant qu'elle le pouvait, et trop faible pour essayer de grandes sorties, ne s'en efforçait pas moins, par des escarmouches ou de petites surprises essayées chaque nuit, de le fatiguer et de lui nuire le plus possible.

La petite garnison était sur pied jour et nuit, mais ces fatigues excessives n'avaient point raison de son ardeur. M. de Bellormeau savait qu'il pouvait compter sur ses hommes ; ce qui l'inquiétait, c'était la diminution de ses vivres. Là était le danger : il se sentait assez fort pour tenir longtemps encore sur ses murailles, derrière l'inondation, son meilleur rempart ; il se sentait assez fort et savait ses hommes assez résolus pour couvrir la brèche de leurs corps si le moment de l'assaut arrivait. Mais il craignait de voir survenir trop tôt la fin des vivres, la famine, la suprême détresse. Aussi, malgré les fatigues endurées par les hommes, la plus stricte économie présidait au rationnement des troupes et de la population restée en ville ; les parts avaient été encore réduites pour faire durer ce qui restait de vivres en magasin le plus longtemps qu'il se pourrait.

M. de Malicorne, pendant la canonnade, avait repris possession de sa chambre sur l'assurance que nul danger ne pressait et qu'aucun projectile n'était encore arrivé à l'hôtel par dessus les remparts. Les dames s'étaient réinstallées. On avait fait toilette. Tatin avait été lavé à grande eau dans la cour par les soldats du poste, très amusés de sa piteuse mine. Malicorne et Grabel, arrivés aussi poussiéreux de leur séjour à Fort Philippe que boueux de leur passage dans la dune inondée, s'étaient transformés en retrouvant leurs valises, en bourgeois frais et roses, rasés et pomponnés.

Ils avaient un peu maigri, mais M. de Malicorne, malgré les privations, conservait encore de beaux restes de son imposant enbonpoint d'autrefois. Le plus triste, c'est que le repas, pris en l'absence de M. le gouverneur, ne fut pas très brillant ; on retrouva la morue, comme à Fort Philippe et en bien minime quantité. Heureusement, le lapereau de la garenne de Pépin Lormel, sauté par les soins de ce dernier, qui préleva la tête pour sa peine, vint ajouter un petit supplément.

M. de Bellormeau arrivait donc du rempart tout joyeux et très affamé. C'est à peine s'il prit le temps de faire ses politesses aux dames.

Il paraissait pressé et ne demanda même pas des détails sur le séjour à Fort Philippe. Ce peu d'empressement à témoigner l'intérêt qu'il devait prendre aux tourments endurés par le père de sa fiancée, choqua vivement M. de Malicorne, mais il n'eut pas le temps d'en rien témoigner au gouverneur.

Bellormeau amenait avec lui l'hôtelier du *Lion de Flandre*, M⁰ Van der Brücke, non moins affairé que lui, et accompagné de toutes les servantes de l'auberge.

— Vite ! vite ! il faut qu'en cinq minutes la table soit mise, une table

sompteuse, sept couverts, avec tout ce que vous aurez ici ou chez vous de
mieux en vaisselle plate, de brocs, de hanaps..... et des vins de marque,
s'il en reste... fouillez bien votre cave et vos cachettes, maître Van der
Brücke. Vous savez, je vous soupçonne de quelques infractions à mon
arrêté sur les vivres, car malgré le rationnement vous ne maigrissez pas
assez !

— Oh ! Monsieur le Gouverneur, je vous jure, s'écria Van der Brücke.

— Ne jurez rien, votre mine fleurie me semble tout ce qu'il y a de

TATIN FUT LAVÉ A GRANDE EAU.

plus louche ! Fouillez vos cachettes, vous dis-je, et apportez vivement ce
que vous avez de mieux ! Tout de suite, dépêchez... je veux une table de
festin royal, pasque....

— Malepeste ! mon gendre, fit Malicorne, qui ouvrit de grands yeux
en entendant ces ordres extraordinaires, c'est bien aimable à vous, en
vérité : vous nous gâtez.

— Vous voulez célébrer notre retour, dit Grabel, et nous faire oublier
la famine de Fort Philippe !

— Ah ! je te le disais bien, Laurette, s'écria Mme de Malicorne, que
Monsieur de Bellormeau aurait quelques égards pour la mère de sa fiancée !

— Et la viande ? ajouta Bellormeau, vous avez bien fait tout ce que
le sergent Bellehumeur a couru vous ordonner ?

— Ma cuisine flambe, les broches tournent, le rôti est au feu, tout va être prêt, Monsieur le Gouverneur, s'écria maître Van der Brücke, vous connaissez mon zèle !

Malicorne et Grabel échangèrent un coup d'œil.

— Voici la raison de ces préparatifs, dit Bellormeau se tournant vers eux : il m'arrive un parlementaire des Espagnols et je veux le recevoir noblement !

— Vous voulez l'inviter à dîner ! fit Malicorne. Cet hidalgo mangera comme quatre... permettez-moi de vous le faire observer dans l'intérêt de nos provisions.

— Je veux seulement l'inviter, dit Bellormeau : il est probable qu'il n'acceptera pas.

On entendit un bruit de trompettes au rempart ; Bellormeau écoutait.

— Voyons, dit-il, et ces viandes ?... M. de Hurtebise doit retenir quelques minutes ce parlementaire, mais il va me l'amener... Le rôti, il faut que vous l'apportiez sur la table dès que l'Espagnol sera entré ici... Dépêchons ! dépêchons !... j'entends des pas dans la cour. A table messieurs, à table !

Malicorne intrigué jeta un coup d'œil par la fenêtre et aperçut, sous l'escorte d'un peloton de soldats, le parlementaire espagnol, un officier de haute mine, à la forte moustache noire relevée presque jusqu'aux yeux, vêtu d'un costume sombre d'une coupe un peu arriérée, avec une large fraise de dentelles comme on en portait en France trente ans auparavant.

Il avait les yeux bandés et marchait conduit par un sergent qui lui tenait la manche. M. de Hurtebise venait derrière, penchant de travers son grand feutre à la plume hérissée et cassée, la figure légèrement goguenarde. Dans la cour de l'hôtel, Hurtebise enleva le bandeau du parlementaire, et se confondit en grandes politesses auxquelles l'Espagnol répondit d'un air froid et solennel.

— Si vous voulez, Monsieur, prendre la peine d'entrer dans le logis, dit Hurtebise, je fais prévenir immédiatement Monsieur le Gouverneur.

Un sergent se précipita et revint presque aussitôt.

— Monsieur le Gouverneur se mettait à table, il traite aujourd'hui

LE PARLEMENTAIRE ESPAGNOL.

quelques notables de la ville, dit-il, mais si Monsieur le parlementaire veut
me suivre....

Sur les pas du sergent, le parlementaire et Hurtebise se dirigèrent
vers la grande salle où les Malicorne étaient à table et se présentèrent juste
au moment où, par une porte de service, maître Van der Brücke et les
servantes du *Lion de Flandre* faisaient une entrée majestueuse.

— Monsieur, dit Bellormeau se levant et s'inclinant avec la plus
exquise politesse, pardonnez-moi de vous recevoir à table, justement j'ai
des convives aujourd'hui, messieurs les échevins de Gravelines...

MAÎTRE VAN DER BRÜCKE ET SES SERVANTES FAISAIENT UNE ENTRÉE MAJESTUEUSE.

— Monsieur le Gouverneur, ne vous excusez pas, répondit le parlementaire en excellent français, cela ne gêne ma mission en aucune façon.
Je ne vous enlèverai pas longtemps aux illustrissimes échevins de Gravelines : ma mission est très simple et consiste simplement à vous remettre
cette lettre de son Excellence Don Luis Gonzalve de Miraflorès, général de
l'armée assiégeant Gravelines pour sa Majesté Catholique, et à vous prier
d'avoir l'extrême bonté de m'en donner la réponse.

— Mesdames, je vous demande humblement pardon de m'occuper
d'affaires en ce moment, fit Bellormeau, se tournant vers Laurette et sa
mère, et je supplie ces messieurs de m'accorder également leur indul-

gence ; maître Van der Brücke, veuillez surseoir un instant au service, nous ferons honneur à votre rôti tout à l'heure... Allez !

Maître Van der Brücke emporta le rôti que Malicorne regarda partir avec un certain ennui.

— Je suis donc tout à vous, Monsieur, reprit Bellormeau.

— Et voici la lettre du seigneur Don Luis Gonzalve de Miraflorès, répondit l'Espagnol en tendant au gouverneur un large pli scellé d'un énorme cachet rouge. Veuillez en prendre connaissance, Monsieur le Gouverneur, et me faire réponse.

Bellormeau, de l'air le plus allègre du monde, rompit le cachet et parcourut des yeux la missive suivante :

« A Son Excellence le gouverneur de Gravelines,

« Moi, Don Luis Gonzalve de Miraflorès, général des troupes de Sa Majesté Catholique au camp devant Gravelines, mu par un sentiment d'humanité et désireux d'éviter aux troupes assiégées plus grands malheurs e plus large effusion de sang, fais par la présente première, dernière et unique sommation à son Excellence, le señor gouverneur, d'avoir à livrer la ville de Gravelines à sa Majesté Catholique, d'ici demain à midi pour tout délai. Les conditions que moi, Don Luis Gonzalve de Miraflorès, général de Sa Majesté Catholique, je veux bien en considération de sa belle défense accorder à M. le Gouverneur pour la reddition de la place sont les suivantes :

« Vies sauves, la garnison prisonnière de guerre.

« Le général des troupes de Sa Majesté Catholique avertit son Excellence le señor gouverneur que passé le délai de midi, il ne sera plus traité de conditions et qu'il devra s'attendre à subir toutes les rigueurs d'une prise d'assaut. Sur ce, je prie son Excellence de me croire son serviteur et ami.

                           « LUIS GONZALVE DE MIRAFLORÈS. »


— Monsieur, dit Bellormeau, posant négligemment la lettre devant lui, je suis très particulièrement touché des sentiments d'humanité de son

Excellence Don Luis de Miraflorès et je vous prie d'en remercier son Excellence, mais quant à sa sommation je lui ferai cette première, dernière et unique réponse : je ne rends pas la ville à moi confiée par Sa Majesté le roi de France et ne la rendrai ni demain, ni après, ni jamais ! Sur ce, je supplie son Excellence Don Luis de me croire aussi son très humble serviteur.

— Excellence, fit l'Espagnol, je transmettrai votre réponse. Veuillez cependant prendre le temps de réfléchir avant de la faire définitive, puisque vous avez délai jusqu'à demain midi... Le señor Don Luis connaît le petit nombre de vos soldats, et sait aussi bien que vous-même la pénurie de vos approvisionnements.

— La pénurie de nos approvisionnements ! que dites-vous là ! s'écria Bellormeau en riant, ma foi, monsieur, vous tombez bien et vous en jugerez par vous-même : je traitais, comme je vous l'ai dit, des notables de la ville, messieurs les échevins de Gravelines... Vous allez voir notre pénurie... Maître Van der Brücke servez !

Bellormeau agita une grosse sonnette aux armes de Flandre qu'il avait devant lui et maître Van der Brücke reparut aussitôt.

— Servez, répéta Bellormeau... Monsieur le parlementaire, vous plairait-il de rester à dîner avec nous ? Faites-moi l'honneur et le plaisir de partager notre humble repas. Ce sera un moyen de vous assurer de l'exactitude de vos renseignements sur notre prétendue disette.

— Excusez-moi de ne pas accepter, répondit le parlementaire daignant se départir de sa morgue pour sourire à la ronde, ce ne serait pas de bonne guerre : je diminuerais d'une ration vos petites provisions de bouche !

— Soyez tranquille ! Nous n'en sommes point assez aux extrémités pour regarder à un convive de plus ou de moins... Et quant à nos ressources en hommes que vous semblez méconnaître aussi, sachez que j'ai cinq cents vieux soldats du régiment de Picardie.

— Deux cent cinquante à peine ; sur cela aussi nous sommes renseignés et même, je ne défalque pas de ce chiffre les pertes que vous avez dû subir depuis le commencement du siège.

— Vous êtes mal informé. En tous cas qu'ils soient deux cent cinquante ou cinq cents, vous avez pu voir ce qu'ils savent faire ! De plus j'ai deux cents hommes de garde bourgeoise.

— Oh ! des bourgeois, fit l'Espagnol, je puis vous passer le chiffre que vous voudrez.

— N'en faites point fi ! Voulez-vous les voir ? ils ont meilleure mine que vous ne le pensez, je les entends sur la place en train de s'assembler pour être passés en revue... Mes Flamands, voyez-vous, sont très placides à la surface, mais quand on leur met l'arquebuse en main, cela les transforme vite. Il se peut que vous ayez à vous apercevoir que le Lion de Flandre a toujours ses vieilles griffes !

— Soit, dit l'Espagnol ; il y aura plus de plaisir et d'honneur pour nous !

— Et, continua Bellormeau, j'ai plus de munitions que je n'en userai, certes, malgré toute la persévérance que vous pourrez mettre à rester devant Gravelines ; j'ai des remparts solides, de bien larges fossés, des vivres en abondance...

— Monsieur le Gouverneur, il est dans votre rôle de me dire toutes ces choses, mais Don Luis de Miraflorès est informé. De plus, je sais moi-même parfaitement le compte de ce qui peut vous rester de munitions et je connais le fond de vos magasins à vivres comme du reste tous les coins et recoins de vos murailles : je suis l'ancien gouverneur de Gravelines avant la reprise de la ville par les Français il y a dix-huit mois ; maître Van der Brücke peut en témoigner.

— Oui, monsieur le gouv... oui, monsieur l'officier... balbutia l'hôtelier du Lion de Flandre.

— Ah ! ah ! fit Bellormeau un instant surpris, veuillez me croire personnellement enchanté de cette rencontre de l'ancien gouverneur et du nouveau, mais je vous ferai observer, monsieur, que si vous connaissez nos magasins, vous ignorez ce que nous avons pu y faire entrer avant votre arrivée sous nos murs... demandez à monsieur que voici, qui est le premier échevin de Gravelines...

Bellormeau désignait Malicorne un peu embarrassé de sa contenance.

— Monsieur n'est pas le premier échevin de Gravelines, répondit flegmatiquement l'Espagnol : vous oubliez que je connais tout le monde ici.

— C'est vrai, dit Bellormeau en riant, je l'oubliais ! Aussi bien est-il plus simple de dire les choses comme elles sont : ces messieurs ne sont pas bourgeois de Gravelines, ce sont des hôtes venus de Paris... Nous sommes si peu aux extrémités que vous nous voyez attablés à un repas de fiançailles... Messieurs les Espagnols si pressés de nous combattre laisseront bien au gouverneur de Gravelines le loisir de s'occuper de ses noces, j'espère ?

L'officier espagnol semblait un peu démonté de son flegme; il regarda Bellormeau d'un air stupéfait.

— Permettez au nouveau gouverneur de Gravelines de présenter à l'ancien la famille de sa future... Monsieur de Malicorne non point échevin de Gravelines, comme je vous le disais tout à l'heure, seigneur de Malicorne en Picardie, mon beau-père bientôt, et madame de Malicorne... monsieur Grabel, mon futur oncle, et enfin mademoiselle de Malicorne, ma fiancée...

Cette fois, je ne cherche pas à vous en imposer, vous pensez bien que si nous en étions au point où vous nous supposiez, vous ne nous surprendriez point en train de discuter les préparatifs de ma noce... Vous nous reviendrez pour ce jour-là : monsieur l'ancien gouverneur de Gravelines fera bien cet honneur au nouveau, et nous tâcherons de vous bien traiter malgré la disette où vous nous croyez plongés... Maître Van der Brücke se distinguera; j'étais en train de traiter avec lui la grave question du nombre de services et celle des vins et pâtisseries !

— Bellormeau riait et semblait très à l'aise, M. de Malicorne avait l'air de trouver l'entrevue un peu longue et songeait au dîner que tout cela retardait.

Le parlementaire vint cérémonieusement s'incliner devant les dames.

— Mesdames, dit-il, je dépose à vos pieds mes humbles hommages et je vous prie, Monsieur le Gouverneur, d'accepter toutes mes félicitations... mais je ne puis m'empêcher de trouver le moment singulièrement choisi pour un mariage...

— L'officier avait repris toute sa morgue, il revint se placer devant Bellormeau.

— Je vous renouvelle, señor, la sommation de don Luis Gonzalve de Miraflorès, général des troupes de Sa Majesté Catholique devant Grave-lines, et je vous déclare qu'une fois la brèche ouverte nous ne recevrons aucune proposition pour la reddition.

— La brèche n'est pas faite, répondit tranquillement Bellormeau.

— Nos batteries seront établies cette nuit.

— Et je vous les détruirai demain matin !

— Je ne pense pas ! Jusqu'à présent ce n'a été qu'escarmouches sans conséquence : vous allez entendre nos canons tonner sérieusement, j'ai le regret d'en prévenir ces dames.

— Ce seront les violons de mes noces ; vous entendrez sur notre rempart musique pareille à la vôtre, et nous verrons lesquels baisseront le ton, de nos musiciens ou des vôtres.

— Et l'assaut après !

— Vive Dieu ! ce sera le spectacle après festins et concerts !... Ces messieurs viennent de Paris, ils sont d'âme belliqueuse et n'ont pas man-qué d'endosser le harnois pendant nos troubles de la Fronde. Ce que vous nous promettez leur met l'eau à la bouche, voyez-les.

Qu'en dites-vous, monsieur de Malicorne ? N'est-ce pas, monsieur Grabel ? Vous étiez enragé frondeur, ne vous distinguâtes-vous point au fameux combat du faubourg Saint-Antoine ?

Malicorne toussa, Grabel pour se donner une contenance hocha grave-ment sa tête en tirant sur se longue barbiche.

— Et demandez à M^lle de Malicorne, ajouta Bellormeau qui s'enflam-mait et se laissait entraîner un peu loin, si quelque chose l'effraie ici...

— Sous la protection de M. de Bellormeau, dit Laurette, malgré sa mère qui la tirait par la jupe, je suis bien tranquille et ne craindrai jamais rien ici !

— Parlons net et sérieusement : nous sommes prêts à tout, ajouta Bellormeau, et vous n'entendrez jamais le gouverneur de Gravelines battre la chamade.

— C'est votre dernier mot?

— C'est mon dernier mot que je vous prie de reporter avec mes humbles civilités à Son Excellence Don Luis de Miraflorès.

Le parlementaire salua.

— Il ne me reste plus, dit-il, qu'à vous prier de me faire remettre mon bandeau pour me faire reconduire à notre camp!

— Le bandeau est inutile : je n'ai rien à cacher ici! répondit Bellormeau. M. de Hurtebise vous reconduira, et il vous sera loisible de vous apercevoir au passage que nos remparts sont aussi intacts que nos bonnes volontés! Adieu, monsieur!

Bellormeau reconduisit jusque dans la cour l'ancien gouverneur de Gravelines, qui ne put s'empêcher de jeter un regard circulaire sur les bâtiments de son logis d'autrefois, maintenant remplis de soldats français. M. de Hurtebise l'accompagnait en lui faisant des politesses de l'air le plus gracieux qu'il avait pu prendre, et tous deux disparurent au tournant de la ruelle pour traverser la grande place où l'on entendait les tambours et le cliquetis des armes de la compagnie bourgeoise en train de faire l'exercice.

## XIV

*Où M. de Malicorne mange un trop petit morceau de son
avant-dernier cheval.*

Bellormeau, qui était allé jusqu'à la fenêtre pour suivre des yeux le
parlementaire, revint vers la table, où l'impatience gagnait les convives,
dont cette longue visite avait encore aiguisé l'appétit. Malicorne, pour
montrer son désir de ne pas voir retarder davantage le dîner tant attendu,
tambourinait un rappel désespéré sur son assiette avec sa fourchette.

— J'espère, mesdames, dit Bellormeau, que vous n'avez pris aucune
alarme de tout ce qu'a dit M. le Parlementaire : ce sont menaces habi-
tuelles en pareil cas. Nous sommes parfaitement en mesure de résister à
tout ce que l'ennemi pourra entreprendre. Vous pouvez être tranquilles...

— A table, alors, et dînons ! s'écria M. de Malicorne. Maître Van der
Brücke, servez enfin ce rôti, qui va être froid depuis si longtemps qu'il
attend...

— Et que nous lui faisons inutilement les doux yeux, ajouta Grabel.

Maître Van der Brücke regarda le gouverneur.

— Eh bien? firent Malicorne et Grabel, déjà la fourchette en l'air.

— Maître Van der Brücke, dit Bellormeau, emportez ces viandes et faites-en, sous les yeux du sergent-major, deux cent cinquante parts !

— Tout de suite, Monsieur le Gouverneur !

Les convives de Bellormeau se regardaient stupéfaits.

— Deux cent cinquante parts! s'écria Malicorne. Vous avez dit deux cent cinquante...

— Notre dîner! s'exclama Grabel.

— Le dîner de la garnison !... J'ai dit deux cent cinquante parts !... Elles ne seront pas très grosses, j'en conviens, mais chacun de mes hommes, qui, jour et nuit, sont à la fatigue et au danger sur le rempart, aura la sienne !... Vous ne pensez pas, je suppose, que le gouverneur de Gravelines festinerait et ferait bonne chère quand ses hommes en sont à la ration de disette !

— Mais, s'exclama M. de Malicorne, vous nous affamez !... Vous affamez M^me de Malicorne, vous affamez votre fiancée...

— Ce n'est pas moi, ce sont les Espagnols, et je déplore bien vivement que M^lle Laurette subisse aussi les privations d'une garnison assiégée ! Vous m'en voyez tout attristé, mais il n'y a nul moyen de faire autrement : ce sont misères de la guerre qu'il faut supporter le plus philosophiquement possible !

— Nous ferons de notre mieux, dit Laurette.

Le superbe rôti que l'on avait montré au parlementaire espagnol était parti.

M. de Malicorne regardait tristement du côté par lequel il avait disparu, d'un air où la colère le disputait à l'abattement.

— Ces petites filles, grommela-t-il en regardant Laurette, elles vous ont un appétit de mauviette !... Vous en parlez bien à votre aise, mademoiselle ma fille !... Moi, j'ai l'estomac moins complaisant : il réclame et proteste !

— Mais nous aurons tous notre part dans les deux cent cinquante rations ! dit Bellormeau. Ce ne sera point un festin, mais enfin ce sera toujours quelque chose, et nous complèterons le repas par un plat de légumes : choux ou salade, je ne sais plus !

— Choux ou salades, le beau dîner !... Ne pourriez-vous point, par une petite attention qui ne serait pas un si grand crime, nous attribuer à chacun deux rations, à nous des membres de votre famille fourvoyés par amitié pour vous en votre ville de Gravelines?...

— Deux ou trois ! appuya Grabel.

— Messieurs, j'en suis au désespoir, mais le gouverneur d'une ville assiégée doit donner l'exemple de la résignation devant les privations...

— Vous, soit ! Mais nous?

— Et ne peut permettre, même pour les personnes les plus chères, aucune infraction aux mesures prises pour résister le plus longtemps possible... Hélas ! j'en suis désolé... Mais je vous l'ai déjà dit.

— Ainsi, pas même un repas à peu près passable après avoir vécu de morue salée pendant douze jours à Fort Philippe et sans autre boisson qu'une eau abominable !

— Nous ne sommes guère mieux traités ici : vous retrouverez la morue ce soir au souper. Nous avons eu régulièrement un repas de viande fraîche et un de lard ou de morue jusqu'ici, mais quand votre dernier cheval sera fini...

— Notre dernier cheval ! s'écria Malicorne. Fini !...

— Oui, le rôti de tout à l'heure, c'est la fin de l'avant-dernier !

— De nos chevaux? Des quatre chevaux de notre carrosse?

— Mon Dieu, oui !

— Et vous vous êtes permis de manger les chevaux de notre carrosse !... Des chevaux de trente pistoles chacun qui ne vous appartenaient pas !

— Vous savez bien que tous les bestiaux ou animaux se trouvant à Gravelines ont été réquisitionnés dès le premier jour du siège, vos chevaux comme les autres, je le regrette... et il n'en reste plus qu'un, malheureusement !

— C'est horrible ! abominable ! C'est une infamie !... Pendant que

nous vivions de vieille morue coriace à Fort Philippe, vous vous nourrissiez
à nos dépens, vous mangiez nos chevaux !... Et comment quitterons-nous
Gravelines maintenant? Traînerons-nous notre carrosse nous-mêmes?...
C'est épouvantable!... Jamais, monsieur, jamais je n'aurais cru cela de
vous !... Moi qui chantais vos louanges, moi qui célébrais votre amabilité,
votre délicatesse de sentiments !... Et c'est ainsi que vous nous traitez !...
Tenez, c'en est trop : vous avez mis le comble à toutes les disgrâces dont
vous nous accablez depuis notre malheureuse arrivée ici ! Désormais, monsieur, tout est rompu entre nous : je ne vous connais plus, vous n'êtes plus
mon gendre !... Madame de Malicorne, Laurette, Grabel, nous quittons
cette maison !

— Allons, monsieur, soyez raisonnable et comprenez la nécessité où
nous nous trouvons : je vous le répète, il s'agit de conserver Gravelines,
de lutter jusqu'au bout, de tout souffrir...

— Quand il serait si simple de se rendre !

— Monsieur, s'écria Bellormeau, se levant et regardant Malicorne
avec des yeux fulgurants, ceci est un mot que je ne puis laisser passer malgré tous les égards que je dois avoir pour vous... N'allez point répéter pareille chose devant mes hommes : je ne répondrais pas de vous ! Mais je
dois vous excuser, la colère vous emporte... Je n'ai donc rien entendu.

— Et après, quand notre dernier cheval sera mangé, après?...

— Après?... Eh bien! s'il le faut, nous mangerons les courroies de
votre carrosse ! Il y a beaucoup de cuir dans votre carrosse : c'est une res-
source, nous mangerons tout ce qui pourra se manger...

Le sang au visage, les yeux hors de la tête, M. de Malicorne soufflait
de colère, mais ne trouvait plus un mot à répondre. Il fit de la main des
gestes découragés comme pour arrêter les paroles sur les lèvres de Bellormeau et s'épargner le tableau par trop cruel de tous les désagréments que
l'avenir tenait encore en réserve pour lui.

Grabel affaissé sur sa chaise, regardait le fond de son assiette, tandis que Mᵐᵉ de Malicorne levait les yeux au ciel sans oser rien dire.

Ce fut Laurette qui parla.

— Eh bien! puisqu'on ne peut faire autrement, dit-elle, acceptons

ce que nous ne pouvons pas empêcher : c'est un carême un peu dur pour
lequel il n'y a pas de dispense à solliciter... Mais je déclare qu'à partir
d'aujourd'hui, je n'aurai d'appétit que tout juste autant que les circonstances le permettront. M. de Bellormeau a raison, il faut prendre toutes ces
misères le plus gaiement possible... M. de Bellormeau peut compter sur
moi : je prends l'engagement de ne jamais réclamer désormais et d'accepter aussi allègrement que possible les inconvénients, petits ou grands, de
la situation.

— Oh ! ces petites filles ! protesta tout bas Mme de Malicorne.

Malicorne, s'étant donné d'énormes coups de poing sur la cuisse en
manière de protestation contre la dureté du sort, retrouva la parole.

— Qu'on serve tout de même, alors, cette ombre de dîner ! dit-il.

On n'eut pas à rester longtemps à table heureusement, car le dîner
fut un peu froid. La conversation languit. M. de Malicorne parla un peu de
ses chevaux, de si braves bêtes, et si belles, qui faisaient honneur par
leur prestance et qui tiraient si gaillardement le monumental carrosse de
M. d'Epernon !

Grabel, un peu pince-sans-rire, déclara qu'ils lui avaient toujours
paru excellents en tous points et que, sous forme de rôti, ils faisaient encore honneur à leur maître. Mme de Malicorne soupira ; Laurette s'efforça
selon son programme, d'être gaie pour rétablir l'accord entre tout le
monde.

M. de Bellormeau prit très vite congé de ses convives : il avait à retourner au rempart. Le parlementaire était rentré au camp espagnol, et
tout de suite les hostilités, suspendues pendant sa visite, avaient été reprises. Les tranchées des assiégeants étaient parvenues au bord du vaste
fossé baignant le rempart, à bonne portée de mousquet ; aussi des deux
côtés tiraillait-on sur tout ce qui se démasquait un peu, pendant que les
Espagnols travaillaient à réparer les ouvrages démontés par l'artillerie et
à préparer leurs batteries de brèche.

Malicorne et Grabel descendirent pour tuer le temps sur la grande
place, où la garde bourgeoise continuait à s'exercer. Environ cent cinquante Gravelinois, divisés en petits pelotons, apprenaient la manœuvre

du mousquet sous la direction de quelques instructeurs de la garnison.

Les bons bourgeois avaient endossé une espèce d'uniforme ; une courte casaque de droguet bleu, à peu près semblable pour tous, mais le reste de leur costume, des chausses au chapeau, avait été laissé à leur fantaisie. Quelques-uns, ayant trouvé d'antiques ferrailles dans les greniers de la Maison de Ville, avaient endossé une cuirasse âgée d'un siècle ou deux, ou coiffé un morion des anciens temps. Le reste s'efforçait de prendre des allures militaires à meilleur compte, en se campant le plus cavalièrement possible le chapeau sur la tête, en traînant d'immenses rapières de façon à faire à chaque instant des bleus avec le fourreau dans les jambes des voisins.

M. de Hurtebise se promenait de long en large en les regardant avec satisfaction. Quand il vit arriver Malicorne et Grabel, il se dirigea vers eux en tiraillant sur sa moustache d'un air devenu soudainement grave.

— Eh bien ! cher monsieur de Malicorne, vous venez donc voir nos guerriers ? De braves gens, monsieur de Malicorne, et de bonne volonté !

— On dirait déjà de vieux soldats ! répondit Malicorne, qui essaya de rompre la conversation, car il avait toujours le souvenir du premier accueil de M. de Hurtebise.

Celui-ci le happa sans façon par un bouton de son pourpoint.

— Il faut que je vous avertisse d'une chose en ami, reprit Hurtebise : c'est que les bourgeois de Gravelines murmurent de ne pas vous voir, comme tous ici, le casque en tête et l'épée au flanc... d'autant plus que vous avez servi, chacun le sait, vous, monsieur Grabel, et que vous feriez un bel officier !

— Moi ? fit Grabel interdit.

— Mais oui, vous !... Les gens de Gravelines se disent, avec une apparence de raison, vous en conviendrez, que vous comptez à la distribution des vivres comme les autres assiégés, que vous avez vos rations de viande quand il y en a ou de savoureuse morue, sans pour cela monter la moindre garde ni rendre aucun service à la défense !... Dieu me pardonne ! tout à l'heure, j'entendais dans les rangs que l'on vous qualifiait de *bouches inutiles* !... Quelques-uns ont même dit *pique-assiettes* !

10

Comment! s'écria Malicorne, mais tout cela ne nous regarde pas !
Nous ne sommes pas de Gravelines, nous !... Ce n'est pas assez d'avoir eu
la malechance de nous venir fourrer dans votre siège : il faudrait encore...

Mais oui, il faudrait mettre flamberge au vent comme les autres, vous
couvrir de gloire comme les autres !... J'en ai touché deux mots à M. de
Bellormeau, qui, n'a pas, sans doute, osé vous en parler... Dans une ville
assiégée monsieur, on doit tenir compte du sentiment de la population,
surtout quand il est aussi manifestement belliqueux et juste !

— Mais nous sommes les hôtes de M. le Gouverneur...

— Raison de plus !... Et pour vous faire honneur, on se propose de
vous offrir des grades dans la milice bourgeoise... Voyez là-bas ces hommes
qui ont l'air de se concerter ; je suis sûr qu'ils parlent de vous et qu'ils
discutent sur votre enrôlement ou sur la question du poste à vous confier...
Acceptez, monsieur de Malicorne, acceptez !

## XV

### M. le capitaine de la garde bourgeoise Grabel et M. le deuxième lieutenant de Malicorne.

— Sergent, faites-moi recommencer ces mouvements-là! Ils ont été exécutés mollement!... Allons, compagnie, par le flanc droit... droite!... Lieutenant Van der Brücke, voyez donc les hommes du deuxième peloton, tête bleue! Ils portent leur mousquet comme une gaule!

— Allons! cria maître Van der Brücke, l'hôtelier du *Lion de Flandre* maintenant lieutenant de la garde bourgeoise de Gravelines. S'il vous plaît, messieurs, la fourchette jointe au mousquet en la main selon l'ordon-

nance... les deux bouts de la mèche entre les doigts, l'un au doigt du milieu, l'autre au petit doigt... Là !... Écoutez donc vos instructeurs !... Par
la lardoire de Belzébuth ! en voilà de jolis soldats, que les Espagnols man-
geraient à la croque-au-sel si l'on n'était pas là pour leur donner un peu
de nerf !

— Marche !

— Halte !

— Le mousquet sur la fourchette !... Mollement exécuté, ce mouvement... Recommencez !...

Quinze jours se sont écoulés depuis que les hôtes de Bellormeau sont
rentrés de Fort Philippe et que le parlementaire espagnol est venu sommer
la place de se rendre

Gravelines tient toujours, après quatre semaines de tranchée ouverte,
après dix jours d'un tir furieux des batteries espagnoles battant en brèche
le bastion de la porte de Dunkerque. La brèche est large, mais les assiégés
la réparent autant qu'ils le peuvent chaque nuit avec force grosses poutres
et clayonnages à défaut de maçonnerie. Les canons de M. de Bellormeau
répondent aussi bruyamment que possible à l'étourdissant vacarme de
pièces ennemies ; malheureusement ils sont peu nombreux et la faible batterie a encore été réduite récemment de deux pièces démontées par les
boulets des assiégeants.

La garnison est sur les dents, le feu des batteries, les quelque sorties
de nuit faites au début du siège ont causé des pertes sensibles, mais tout
le monde se multiplie et fait de son mieux. M. de Bellormeau avec sa faible troupe ne peut plus se permettre maintenant d'essayer de petites surprises ou des enlèvements de poste, il garde tout son monde sous la main
lui épargne le plus possible de fatigues inutiles, et se prépare à repousser
l'assaut que certainement l'ennemi tentera bientôt.

Le pire c'est que les Espagnols, au moyen de coupures dans les talus
ont réussi à faire baisser le niveau de l'inondation d'un pied ou deux, ce
qui a suffi pour diminuer sensiblement la largeur du fossé en avant de la
brèche ; et furieux d'être si longtemps retenus devant une bicoque qu'ils
comptaient enlever rapidement, ils travaillent maintenant à combler ce

LE CAPITAINE GRABEL ET LE LIEUTENANT DE MALICORNE.

fossé au moyen de terres et de fascines incessamment jetées dans l'eau.

Laurette, pour se rendre utile dans la mesure de ses moyens, s'est installée avec sa mère et Suzon à l'ambulance établie à l'hospice de Gravelines ; elle aide de son mieux les huit bonnes sœurs et l'unique médecin de la ville à soigner les nombreux blessés de la garnison. Ses journées employées aux tristes besognes de l'ambulance sont bien remplies et elle y a oublié l'ennui profond subi pendant les huit jours passés à Fort Philippe.

LA GARDE BOURGEOISE.

Il y a du nouveau aussi pour son père et son oncle : tous deux suivant l'avis de M. Hurtebise ont endossé le harnois. La ville compte deux défenseurs de plus. La compagnie de la garde bourgeoise, avec l'agrément de M. le Gouverneur, a élu pour son capitaine M. Grabel, qui passe aux yeux des braves Gravelinois pour un héros de la Fronde, et M. de Malicorne a ceint l'épée comme deuxième lieutenant, M. Van der Brücke du *Lion de Flandre* étant premier lieutenant.

Ce sont ces braves officiers qui font actuellement manœuvrer les Gravelinois sur la grande place, et qui se montrent si exigeants sur la bonne exécution des mouvements. Ils useraient volontiers les pavés pointus de cette grande place en marches et contremarches ; on peut y rêver gloire, carnages et combats un peu plus tranquillement que sur le rempart là-bas, au bout de la rue qui descend à la porte attaquée, là où les boulets des Espagnols travaillent à mettre en miettes le mur d'escarpe et où les balles sifflent cherchant les soldats embusqués derrière les gabions remplis de terre.

M. Grabel a souci de la santé de ses hommes et ne les conduit que le moins possible aux endroits un peu exposés au tir des Espagnols. Ne faut-il pas garder aussi le reste des remparts et la porte de l'autre côté? On y est plus tranquille sans doute, ce sont les postes qui conviennent à des soldats encore peu aguerris. Et puis, déclare Grabel dans ses conférences avec ses lieutenants, n'est-on pas la suprême réserve de la garnison; celle qu'il faut ménager et garder aussi intacte que possible pour le moment..... le moment.....

M. Grabel ne précise pas, les mots s'arrêtent dans sa gorge, mais il appuie fièrement sur la garde de sa grande épée de capitaine.

M. de Malicorne avoue plus franchement ses craintes : pourvu que Bellormeau, grommelle-t-il, ce petit officier si doux, si timide, la *demoiselle de Bellormeau* comme disaient ses camarades, devenu le farouche Bellormeau ne nous fasse pas, malgré tout notre soin, casser les os pour terminer la série des ennuis qu'il nous procure. Ce gendre modèle est inouï avec sa façon de plonger la famille de sa femme dans les plus dangereux embarras! Et si lui-même déjà si détérioré par la guerre allait encore se faire abîmer davantage, sans plus de souci du mariage convenu!

Et M. de Malicorne reste de mauvaise humeur. Toute cette gloire dont la nécessité le force à se couvrir bien malgré lui, est sans saveur; il ne décolère pas contre le sort, contre M. de Bellormeau, contre M<sup>me</sup> de Malicorne laquelle, il se le rappelle maintenant, a eu l'idée du voyage à Gravelines, contre Laurette qui vraiment prend la situation un peu trop légèrement, contre Grabel dont la hâte à bâcler ses procès de Malicorne a favorisé ce malencontreux voyage, contre les Espagnols, contre tout le monde....

Que de motifs de souci, aussi! les progrès des Espagnols, la crainte de recevoir quelque boulet au retour des exercices dans l'appartement que

l'on occupe toujours à l'hôtel du gouverneur, la famine qui force le féroce
Bellormeau à réduire de plus en plus les rations d'horribles victuailles.

Il y a longtemps que le dernier cheval du carrosse de M. de Malicorne
a été mangé ; on l'a sacrifié comme les autres, une partie a servi à faire du
bouillon pour les blessés et malades, le reste découpé en un nombre infini
de portions minuscules à nourrir la garnison pendant une journée, avec
des salades cueillies presque sous le feu de l'ennemi. Le glorieux carrosse
qui jadis avait porté M. d'Épernon, maintenant dormait inutile sous la
poussière au fond d'une remise de l'hôtel du gouverneur.

LAURETTE A L'AMBULANCE.

Comment tout cela finira-t-il ? Il distingue bien l'inquiétude de Bellormeau, sous le calme de celui-ci et sa gaîté affectée. A certains mots de
Hurtebise il a compris que la brèche était à peu près praticable, il ne tient
pas du tout à s'en assurer par lui-même au rempart, mais le moment de
l'assaut pourrait bien être proche.

— Nous autres gentilshommes, lui a dit Hurtebise en lui frappant sur
le ventre, nous autres officiers, cher monsieur de Malicorne, vous savez ce
que nous avons à faire ? Couvrir la brèche de notre corps, l'épée au poing ;
vous êtes replet et dodu, monsieur de Malicorne, je me mettrai derrière
vous !

Allons ! chassons ces vilaines idées et pour nous étourdir continuons à
faire manœuvrer la garde bourgeoise.

— Le mousquet sur l'épaule droite ! marche ! une ! deux ! Tournez le

mousquet et la fourchette ! Chargez le mousquet ! Tirez la baguette !..
Bourrez !... Le mousquet sur la fourchette..... en contrepoids, de la main
gauche seulement..... Là, c'est bien ! Soufflez la mèche !...

— Monsieur de Malicorne? dit Mᵉ Van der Brücke s'avançant majestueusement vers son collègue.

— Eh bien, lieutenant Van der Brücke?

— Êtes-vous en appétit, aujourd'hui?

— Cela ne se demande pas, M. de Bellormeau nous a régalés ce
matin d'une salade, avec un lardon trop rance et surtout trop mince.....

— Que diriez-vous d'un pâté de rats que j'ai pu confectionner en
cachette, avec un reste de farine retrouvé par le plus grand des hasards....

— Hé mais.... le pâté m'irait très bien, s'il n'y avait les rats.

— Ne les dédaignez pas, c'est mon sergent et voisin le boucher Cosselmans, qui me les a offerts; ce sont les derniers, vous savez; il les a
attrapés aux boucheries où ils étaient jadis bien nourris... ceux-ci ont
encore de beaux restes.... ce n'est pas mauvais du tout.

— J'aimerais mieux du chat ! Vous savez, le petit cuissot que vous
m'avez fait déguster l'autre jour, j'en ai conservé le souvenir ; bien accom-
modé, ça ressemble à du lièvre....

— Oui, mais plus de chats à Gravelines, il y a bel âge qu'ils ont été
fricassés.... Cependant, je vous assure, le rat n'est pas à dédaigner...

— J'aimerais mieux des souris....

— Ah ! vous êtes une fine bouche ! mais il n'y a plus de souris non
plus, j'ai beau tendre mes souricières, rien ne s'y prend plus ! Vous
refusez?

— Non ! non ! J'en suis !

— Nous serons quatre : le capitaine Grabel, vous, Cosselmans qui a
fourni les rats, et moi.

— Entendu ; aussitôt que j'aurai soupé avec M. le Gouverneur, je
m'esquive et je vous rejoins pour resouper au *Lion de Flandre*.... Tâchez
donc de trouver encore une de ces vieilles bouteilles de vin d'Espagne...

— Hélas ! il n'y en a plus ! celle-là était resté oubliée au fond d'un
caveau par pur hasard, je vous jure, par pur hasard !

— C'est égal, cachottier, fouillez bien dans tous les coins ! M. de Bellormeau n'en saura rien.... Que n'ai-je ici ma cave de Paris, cher monsieur Van der Brücke, pour vous rendre vos politesses ! Si encore la cave de mon gendre, qui est presque ma cave, était garnie, je pourrais apporter ma part, mais il n'a pas eu le temps d'organiser sa maison et de monter dignement sa cave : il n'y a que les quatre murs.... Par exemple les murs sont solides et au cas où les boulets espagnols deviendraient gênants, j'ai avisé un petit caveau où l'on pourra dormir tranquille....

— Chez moi aussi, dit Van der Brücke, j'ai un abri préparé... moi

« QUE DIRIEZ-VOUS D'UN PATÉ DE RATS ? »

aussi, monsieur de Malicorne, j'ai le sommeil délicat ; je n'aimerais pas à être réveillé en sursaut par un boulet qui viendrait tout casser dans ma chambre.

Le jeune Tatin, le clerc du capitaine Grabel faisait partie aussi de la milice bourgeoise de Gravelines, ainsi que deux ou trois compatriotes de Bellormeau. Il aurait pu obtenir un grade, mais peu ambitieux de sa nature, il s'était contenté des fonctions de fourrier qu'il remplissait consciencieusement. Il avait un bureau dans un coin du *Lion de Flandre*, et griffonnait toute la journée, multipliant les écritures sur des registres divers, ornés de mirifiques paraphes, cherchant sans doute à s'illusionner et à se persuader qu'il grossoyait des actes de procédure dans l'étude de

M° Grabel, sous le palais, en la cité de Paris. Ce lui était une excuse pour éviter les gardes et les exercices; aussi ne le voyons-nous pas sur la grande place en train d'apprendre comme les autres le maniement du mousquet, arme pour laquelle il marquait une antipathie profonde.

Pépin Lormel non plus n'est point ici. Lui, au contraire, a pris goût au mousquet et il est comme amateur, toute la journée et quelquefois une partie de la nuit sur le rempart avec le sergent Bellehumeur, qui le tient en particulière estime. C'est un homme très occupé; tout en tiraillant le plus et le mieux possible, il conserve ses fonctions de majordome de M. le Gouverneur. A certaines heures il pose son mousquet dans l'abri gabionné, construit par les soldats dans le bastion le plus rapproché des parallèles espagnoles, et il s'en retourne au logis donner ses instructions pour le repas de M. le Gouverneur, et veiller à la distribution et au bon emploi des maigres vivres parcimonieusement délivrés.

Quand il a tout ordonné, *passé au rapport*, comme il dit, près de M. le Gouverneur, et avalé sa ration de vivres, côtes de choux ou mince tranche de morue, il revient à son mousquet et se remet à la conversation avec les mousquets espagnols. Bien des hommes ont été touchés à côté de lui; par bonheur il n'a rien attrapé, sauf une légère contusion faite par un biscayen qui avait ricoché.

Par malheur, il faut maintenant ménager les munitions. M. de Bellormeau l'a ordonné expressément : le magasin à poudre se vide et l'on doit conserver une provision suffisante pour les moments trop prévus où il sera urgent de dépenser avec prodigalité.

Comme nos deux vaillants amis Grabel et Malicorne rentraient au logis après l'exercice, en prenant soin instinctivement de suivre les murailles du côté du rempart, pour le cas où un boulet espagnol viendrait à s'égarer dans la rue, ils se jetèrent dans les jambes de M. de Mesnil, l'officier de Fort Philippe qui sortait de l'hôtel avec M. de Hurtebise.

— Eh ! fit M. de Mesnil sans leur laisser le temps d'exprimer leur étonnement de le voir à Gravelines, comme vous voilà gaillards mes chers amis, permettez que je vous admire ! Vous ressemblez au dieu Mars lui-même. A la bonne heure, corbleu ! Vous avez pris l'épée, vous ne respirez

LA GARDE BOURGEOISE.

plus que carnage et saccage! Je ne m'étonne plus que les Espagnols ne soient pas davantage avancés!

— Mais vous, dit Malicorne, comment n'êtes-vous point à Fort Philippe?

— Depuis votre départ je m'y ennuyais trop! finies ces bonnes parties d'hombre et de lansquenet! Sur mes instances réitérées, M. le Gouverneur a eu pitié de moi, et m'a permis de venir ici où l'occupation ne manque pas. Pour tout dire, mes hommes étaient frais et reposés là-bas, loin de l'attaque; ils brûlaient de se dégourdir un peu, M. de Bellormeau les a fait revenir successivement par petits pelotons, la nuit par la dune et l'inondation, en les remplaçant par ses hommes les plus fatigués.... Et me voici à mon tour, mon remplaçant sort de l'ambulance avec un bras encore en écharpe, il achèvera de se rétablir à Fort Philippe pendant que je vais essayer de me dérouiller de ma longue et ennuyeuse faction.... Ouf! vive le mouvement et vive la bataille! Hardi Picardie!

LE FOURRIER TATIN.

— Très bien, très bien, je me félicite, dit Malicorne, nous nous félicitons de vous voir parmi nous....

Grabel tirait Malicorne par la manche pour l'entraîner dans la cour de l'hôtel. M. de Mesnil leur secoua vigoureusement la main, leur frappant sur le ventre et tourna d'un pas rapide du côté du rempart.

— Hé, monsieur de Malicorne?

C'était M. de Mesnil qui rebroussait chemin d'un pas ou deux.

— Si vous voulez reprendre nos bonnes petites parties, je suis de garde cette nuit à la brèche, je vous ferai place sous nos gabions.

— Nous verrons, nous verrons! répondit Grabel.

— Nous sommes bien fatigués, ajouta Malicorne, ce n'est pas mince besogne de faire manœuvrer nos hommes.... j'ai, quant à moi, vraiment besoin de dormir cette nuit.

— Bonne nuit, messieurs, nous ne tirerons notre canon qu'en douceur pour ne pas troubler vos songes.

M. de Mesnil disparut.

— Bon, pourvu qu'il ne rencontre pas mon clerc Tatin, fit Grabel en
se dirigeant vers la salle à manger.

Ce soir-là, M^{me} de Malicorne, Grabel et Malicorne se trouvaient seuls
à table.

Laurette était restée à l'ambulance et M. de Bellormeau s'était fait
apporter son souper au rempart.

Un petit morceau de morue et quelques côtes de choux au vinaigre,
tel était le menu. Malicorne s'en consola en songeant au pâté de rats
qu'on allait savourer en supplément au *Lion de Flandre*, et que maître
Van der Brücke trouverait moyen d'arroser avec quelque bonne vieille
bouteille découverte bien par hasard sous les toiles d'araignée, en quelque
cachette au plus profond de sa cave.

— Il conviendrait d'avertir mon clerc, dit Grabel en achevant sa
coriace morue, pour qu'il ne se jette pas dans les jambes de ce pourfen-
deur d'officier. Où est Tatin ? Suzon, avez-vous vu M. Tatin ce soir ?

— Non, monsieur, répondit la chambrière, je n'ai pas vu M. Tatin de
la journée, il n'est pas venu déjeuner, ni dîner, ni souper....

— Hein ? fit Grabel, ni déjeuner, ni dîner, ni souper ? lui toujours si
exact aux heures des repas.... Serait-il malade ?

Grabel se leva et descendit vers la chambre que Tatin avait adoptée,
une petite pièce sombre et sans air, au rez-de-chaussée, peu séduisante et
plus que sommairement meublée, mais qui devait avoir bien moins que
son ancienne chambre d'en haut, à craindre des boulets espagnols, lesquels, parfois, s'égaraient au-dessus des remparts et venaient démolir des
cheminées ou percer des toits dans la ville.

Point de Tatin dans sa chambre, ni nulle part dans l'hôtel. Personne
ne l'avait vu, ni les soldats ses voisins, ni le cocher Thomas qui essayait
d'oublier les ennuis de la famine et les dangers du siège en dormant, jour
et nuit, à poings fermés, au fond de l'écurie, dans le fameux carrosse tristement privé de son attelage sacrifié à l'appétit des assiégés.

Tatin n'avait paru nulle part, et le plus étonnant c'est qu'il n'était point venu réclamer ses rations. Comme Grabel et Malicorne, assez inquiets de cette absence difficilement explicable, allaient en désespoir de cause remettre les recherches au lendemain pour ne point faire attendre M. Van der Brücke, on rencontra Pépin Lormel qui venait du rempart chercher les pistolets de M. le Gouverneur.

— Avez-vous Tatin avec vous sur le rempart? demanda Grabel.

Cette demande fit sourire Pépin Lormel.

— L'avez-vous vu aujourd'hui quelque part au moins?

— Non.... Il n'était pas avec vous? Hé, mais, fit Pépin, hé, mais!

— Hé mais quoi? dit Malicorne.

— Hé mais, monsieur, se-rait-il point tué ou prisonnier? Je l'ai vu cette nuit.

— Où ça?

— Dans la dune!

— Qu'allait-il faire dans la dune, essayer de prendre quelques lapins?

— Non, il m'accompagnait. Voici : je conduisais cette nuit une douzaine d'hommes, malades ou éclopés à Fort Philippe, par les petits chemins que vous con-

LE VOLONTAIRE PÉPIN LORMEL.

naissez, dans l'eau, dans la vase et dans l'herbe mouillée, et M. Tatin vint avec moi, pour prendre l'air, disait-il. Ça m'étonnait, car je dois vous dire qu'il faut se défier des balles par là, les postes espagnols se sont rapprochés et tiraillaient au moindre bruit.... Nous sommes arrivés au passage de la rivière sous le fort sans encombre, quelques coups de mousquet à peine et tirés au hasard. Tatin était toujours avec nous. J'ai fait ma commission au fort et je suis revenu revenu avec M. de Mesnil et quelques soldats.... Alors, plus de Tatin dans la dune. Je l'ai sifflé douce-ment comme je faisais, il n'est pas venu; j'ai supposé qu'il avait rebroussé

chemin sans m'attendre, car j'avais été un peu long, et nous sommes rentrés à Gravelines sans le rencontrer. Comme je le savais très prudent, je
n'étais pas inquiet!...

— Diable ! diable ! diable !

— Plus de doute, Tatin n'a pas voulu revenir avec M. de Mesnil, il
s'est perdu dans la dune et il a été tué par les Espagnols !

— Mais, fit Grabel, de quel côté de la rivière était-il, avait-il passé
avec vous sur la rive de Fort Philippe ?

— Je ne sais plus, il faisait très sombre et je ne faisais pas attention à
lui.... C'est possible cependant, il me semble en réfléchissant qu'il a pu se
glisser dans la barque.

— S'il a passé sur la rive gauche de l'Aa, il est peut-être entré dans
le fort ?

— Oh ! cela, impossible, on n'y entre pas comme cela.... j'ai passé
seul la poterne.

Grabel et Malicorne se regardèrent.

— Certainement il est tué ou pris.

— Je le crains bien, répondit Pépin Lormel, les Espagnols sont d'une
vigilance exceptionnelle depuis quelques jours, ils se remuent beaucoup
dans leur camp. Je crois bien, monsieur, qu'ils préparent quelque chose.
Vous avez entendu la canonnade toute la journée, le rempart a souffert,
M. de Bellormeau y fait travailler.... Je me dépêche pour y retourner,
vous savez, personne ne doit se coucher cette nuit, c'est l'ordre !

— Même la garde bourgeoise ?

— Même la garde bourgeoise. Elle doit garder ses postes et rester en
réserve sur la grande place, c'est l'ordre que M. de Bellormeau vient
d'envoyer.

— Diable ! diable ! diable !

— Je me sauve, au revoir, monsieur, à tantôt s'il y a quelque chose !

— En réserve sur la grande place ! fit Malicorne devenu rouge d'émotion à Grabel devenu pâle.

— Allons toujours au *Lion de Flandre* !

## XVI

*Encore une nuit d'émotions.*

L'assaut a eu lieu.

Toute la journée les canons espagnols s'étaient acharnés sur le rempart où tout un pan de courtine ne formait plus qu'un énorme tas de pierres bouleversées. En même temps les assiégeants jetaient dans le fossé des voitures de terre ou de fumier, des masses de fascines. L'écroulement de la muraille d'un côté, le monceau de matériaux divers apportés de l'autre rétrécissaient d'heure en heure la largeur de la nappe d'eau devant le point attaqué. La brèche devenait abordable, au milieu du fossé les assaillants ne devaient plus avoir d'eau que jusqu'à la ceinture, l'espace de quelques pas.

Bellormeau voyant le moment critique arrivé, toutes ses dispositions prises, toutes ses forces réunies sous la main, attendait l'ennemi. Sans folle présomption il croyait pouvoir résister à l'assaut, le premier élan des assaillants devant être ralenti, malgré tout, par ce qu'il restait de fossé à franchir et par les obstacles accumulés par les assiégés sur les ruines du bastion.

Il avait toujours bon espoir. Le corps espagnol, ainsi arrêté depuis des semaines devant Gravelines, ne devait pas compter plus de quatre mille hommes, aucune troupe nouvelle n'était venue le renforcer malgré les difficultés rencontrées sous les murs de la ville assiégée; le reste de l'armée ennemie devait se trouver à distance aux prises avec Turenne. Le sort de Gravelines dépendait d'une bataille gagnée ou perdue; si l'ennemi essuyait une défaite, Gravelines serait vite secourue, tandis que dans le cas contraire la ville succomberait, mais non sans que les derniers débris de la garnison eussent lutté jusqu'au bout sur la dernière pierre de la brèche.

A dix heures du soir le feu espagnol cessa soudainement.

C'était le moment.

Des tranchées en face de la brèche, des masses épaisses se précipitèrent dans le fossé, sautant sur les pierres et roulant dans l'eau jusqu'aux hanches, tous criant, hurlant, brandissant leurs armes en l'air pendant qu'en arrière trompettes et tambours faisaient rage.

Mais les dispositions de Bellormeau étaient prises, il n'y eut aucune hésitation dans la garnison; bondissant hors de leurs abris les assiégés se trouvèrent en un clin d'œil aux postes assignés, à la crête de la brèche, ouvrant le feu sur les assaillants qui se débattaient dans le fossé et escaladaient déjà les premiers éboulements.

Deux canons sur le flanc du bastion de droite, deux autres sur le bastion de gauche, tirèrent à mitraille dans cette masse, ouvrant de larges trouées et balayant les plus avancés. En même temps des bottes de paille amoncelées parmi les gabions sur la pente de la brèche, allumées par une traînée de poudre flambèrent, mettant l'ennemi en pleine lumière.

Au *Lion de Flandre* Malicorne et Grabel, Van der Brücke et Cosselmans, attablés devant leur petit festin, commençaient à peine à déguster
le succulent pâté de rats confectionné par Van der Brücke lui-même, lorsque le canon espagnol s'arrêta pour l'assaut.

— Cette croûte si bien dorée vous a un aspect réjouissant, disait Malicorne, et ça croque si agréablement sous la dent... passez-moi encore un
peu de croûte, monsieur Van der Brücke !

— Et le fumet de la chair, hein, monsieur de Malicorne? disait Cosselmans qui tenait à faire valoir ses rats.

« CETTE CROUTE A UN ASPECT RÉJOUISSANT. »

— Pas mauvais, vraiment, un petit goût particulier.
— De la venaison, parbleu !
— Fine et délicate !
— Je préfère tout de même les souris, mais les rats sont parfaitement
accommodés ! Honneur à monsieur Van der Brücke !

— Tiens, fit Van der Brücke, qu'est-ce que c'est? Les canons de la
brèche s'arrêtent... Ecoutez donc ! voici trompettes et tamb...

Il n'acheva pas; une rumeur s'éleva sur la place où la garde bourgeoise
se tenait sous les armes en réserve, rumeur couverte aussitôt par le bruit
de l'assaut, la mousquetade et la canonnade de Bellormeau.

Le pâté resta sur la table et aussi la bouteille poussiéreuse découverte encore, par le plus grand des hasards sans doute, au fond de la cave du *Lion de Flandre*. Debout, pâles d'émotion, les quatre soupeurs écoutaient. Un sergent de la milice entra brusquement dans la salle demandant les officiers.

— Les officiers! les officiers! ne serait-ce point le moment de rentrer chez soi, pour de braves bourgeois? glissa timidement Malicorne qui sentit à cet instant que la ceinture de sa grande épée le gênait.

— Moi, j'y suis chez moi, fit le patron du *Lion de Flandre*, je reste en réserve chez moi.

— Hé, vous êtes gentilhomme, vous, monsieur de Malicorne, dit le boucher Cosselmans, descendez!

Grabel prit son beau-frère par les boutons de son pourpoint.

— Oui, vous êtes gentilhomme maintenant, vous l'avez voulu, cria-t-il, allez, courrez au rempart! C'est votre folle ambition et votre vanité qui nous ont amenés ici, où moi je n'avais que faire... Vous avez voulu une terre, vous avez voulu être M. de Malicorne gros comme le bras, vous avez voulu un gendre officier des armées du roi; vous avez tout cela, tant pis pour vous!... S'il n'y avait que vous dans l'embarras encore, mais vous me faites abandonner ma paisible étude de procureur, ma maison si tranquille en la Cité, sous le Palais... Hélas où est-elle, mon étude, où est ma maison?

Vous m'amenez ici et me plongez dans toutes les calamités, dans tous les dangers!... Écoutez la mousquetade, le vacarme infernal...

— Capitaine Grabel! cria-t-on en bas, M. le Gouverneur demande vingt-cinq hommes tout de suite!

— Allez, allez capitaine Grabel, firent Van der Brücke et Cosselmans,

— Pourquoi faire, vingt-cinq hommes? balbutia Grabel.

— Pour garnir les embrasures du bastion de gauche et tirer sur tout ce qui sort des tranchées espagnoles, répondit la voix de Pépin Lormel, et vivement!

— Allons, capitaine Grabel, comme autrefois à Paris, pendant la guerre de la Fronde, où vous vous couvriez de gloire, fit Van der Brücke, vous nous racontiez hier les prises d'armes de la Fronde et la belle barricade que vos clercs ont faite un jour avec les bancs de votre étude... Vous nous racontiez la bataille du faubourg Saint-Antoine...

— Un instant, un instant! à la bataille du faubourg Saint-Antoine je suis resté en réserve, comme aujourd'hui...... Et j'entends encore rester en réserve; on est en réserve ou on n'y est pas que diable!

— Vous avez dirigé pourtant une troupe un jour dans une circonstance grave...

— J'ai dirigé une patrouille et

LA GARDE BOURGEOISE AUX EMBRASURES.

je suis allé du côté où il m'a plu d'aller... Garnir des embrasures! tirer sur tout ce qui... ce n'est pas la même chose. Allez-y Malicorne, auteur de tous mes maux, allez-y !

— Grabel, vous êtes le capitaine de la garde bourgeoise... c'est à vous de conduire vos hommes...

— Justement vous faites bien de me le rappeler, je suis le capitaine, c'est à moi d'ordonner ! J'ordonne donc aux lieutenants Malicorne et Van der Brücke d'exécuter l'ordre de M. le Gouverneur.

M. Van der Brücke s'enfonça son chapeau sur la tête, fit rouler à grand bruit un certain nombre de jurons flamands et, poussant devant lui M. de Malicorne, dégringola l'escalier si vivement qu'ils furent tous deux sur la place, parmi les bourgeois, en moins d'une minute.

— Laissez-moi faire, dit-il à Malicorne, vous allez voir si le lieutenant Van der Brücke est homme de guerre !

Les bourgeois en rumeur autour de Pépin Lormel, discutaient, criaient, émettaient autant d'avis qu'il y avait d'hommes. Le fracas de l'assaut allait grandissant, le canon du rempart tonnait par-dessus les cris furieux des combattants et le crépitement de la mousquetade.

— Attention ! commanda Van der Brücke, à vos rangs !

Sa voix s'enroua sans qu'il parvint à se faire entendre ; il se jeta dans les groupes, bousculant tout le monde, distribuant des bourrades à demi-amicales.

— Que ceux qui n'ont pas de cœur au ventre se rangent de ce côté ! hurla Van der Brücke, pour dominer le tumulte, vous entendez, de ce côté ; il est permis à chacun de dire son goût pour l'instant ! On demande soixante-quinze hommes de mauvaise volonté pour aller du côté où M. le Gouverneur ne les appelle pas ; y êtes-vous, les soixante-quinze engourdis de mauvaise volonté ?... Bon ! il n'y à personne, je m'y attendais. Gravelinois, vous êtes des lurons, tous des lurons ! Personne ne réclame ?... Maintenant les lurons, en avant, les vingt-cinq ou trente premiers !

Poussant une partie de ses hommes un peu ahuris derrière Pépin Lormel qui les entraîna au pas de course, M. Van der Brücke se tourna vers les autres :

— Continuons à rester en réserve, mes enfants, dit-il.

La lutte continuait sur le rempart. Il serait trop long d'en suivre les péripéties diverses. On se battit sur les pierres écroulées avec fureur et acharnement. Plusieurs fois même un certain nombre d'Espagnols parvinrent en haut de l'écroulement, aux gabions remplis de terre, aux enchevêtrements de poutres et de fascines qui barricadaient la brèche.

La scène était éclairée de lueurs intermittentes par les bottes de paille allumées d'abord par les flammes rapides des canons et des mousquets.

Dans ces brusques éclats de lumière, les défenseurs du rempart apparaissaient en silhouettes noires qui s'évanouissaient ensuite dans un tourbillon de fumées rougeâtres. M. de Bellormeau, à l'angle le plus élevé du rempart, avait près de lui un groupe de soldats en réserve qu'il portait, qu'il lançait aux endroits plus particulièrement menacés, sur les assaillants parvenus à prendre pied sur la brèche. Le sergent Bellehumeur était resté à côté de lui, la tête bandée d'un mouchoir, à cause d'un coup de crosse d'espingole reçu dans un de ces moments critiques.

Comme sa blessure lui rendait pour l'instant la vue un peu courte, il s'occupait simplement à charger une provision de mousquets qu'il passait à son camarade Bonnescuelle lequel, étant bon tireur, ne perdait point les balles.

Pépin Lormel avait conduit ses Gravelinois aux embrasures où tous, après les premières minutes d'émotion, faisaient vraiment de leur mieux, exécutant un feu aussi rapide que possible sur la colonne ennemie qu'ils dominaient par le flanc.

Retours successifs des Espagnols, sauts dans l'eau bourbeuse ou sanglante parmi les fascines et les décombres, passages du fossé sous le feu des quatre canons de Bellormeau, escalades de la muraille éboulée, corps-à-corps, dégringolades dans l'effroyable vacarme de clameurs furieuses, de cris féroces, à travers lequel, scandé de salves de mousquetades ou de coups de canon irréguliers s'entendait toujours le roulement précipité et acharné des tambours dans les tranchées espagnoles, tout cela dura près de deux heures.

A la fin, pour mieux éclairer les mouvements de l'ennemi, M. de Bellormeau avait fait mettre le feu à un grand moulin de bois élevé sur le rempart même à peu de distance du point attaqué et déjà plus qu'à moitié démoli par les boulets espagnols égarés. Lorsque flambèrent les dernières poutres du moulin, les Espagnols étaient rentrés dans leurs tranchées, le feu avait cessé ; du tas de cadavres jonchant le large et sanglant éboulement, des blessés se détachaient péniblement et regagnaient le camp en se traînant. Une trêve tacite avait succédé à la bataille, mais avant de compter ses pertes très sensibles, Bellormeau se hâtait de profiter de l'état d'excitation de ses hommes pour rétablir et consolider son retranchement improvisé, afin de résister à un second assaut.

Sur la grande place de Gravelines il n'y avait plus personne. Par la

porte du *Lion de Flandre* entr'ouverte, Mᵉ Van der Brücke passait la tête
écoutant et regardant plein d'inquiétude. Pour rester plus tranquillement
en réserve sans doute, il avait quitté son morion, décroché son épée et enlevé son pourpoint de buffle. Il était maintenant en simple bonnet blanc et
en costume d'hôtelier dédaigneux des gloires militaires.

Tout autour de la place, d'autres têtes se glissaient par l'entrebail-

D'AUTRES TÊTES SE GLISSAIENT DANS L'ENTREBAILLEMENT DES PORTES.

lement d'une porte ou d'une fenêtre. Aucune n'était coiffée plus militaire-
ment que celle du maître du *Lion de Flandre*. Chacun avait fini par rentrer
chez soi pour mieux protéger sa maison, et tous avaient passé les deux
heures terribles dans l'anxiété, redoutant à chaque minute d'entendre les
cris de triomphe de la soldatesque ennemie lancée au pillage de la ville.

— Eh bien, Cosselmans? cria Mᵉ Van der Brücke à la tête ou plutôt
au nez qui seul se montrait de son voisin le boucher.

Le nez passa un petit peu plus dans l'huis entr'ouvert.

L'ASSAUT.

— Eh bien Van der Brücke, on dirait que...

— On dirait que ça se calme. C'est bon signe...

— Plus rien... le vacarme a pris fin...

— L'assaut est repoussé!

La tête de Mᵉ Van der Brücke disparut une minute puis reparut recoiffée du morion. Mᵉ Van der Brücke écouta encore, puis se risqua tout entier sur la place. Il demeurait en costume civil, se contentant modestement de son casque pour tout insigne. A son exemple Cosselmans se décida, il sortit de sa boutique. Peu à peu des groupes de bourgeois se formèrent dans l'ombre sur la place et les plus hardis se risquèrent dans la rue menant au rempart pour aller aux nouvelles.

Le capitaine Grabel, sous prétexte de faire une ronde, avait depuis longtemps regagné l'hôtel du gouverneur et M. de Malicorne, dédaignant tout prétexte, était rentré de même. Dans le cellier bien retiré au fond de l'arrière-cour, il avait préparé une cachette pour les mauvais moments à passer au cas où la ville serait emportée d'assaut. Là, derrière des futailles vides et des outils de jardinage, dans une toute petite pièce garnie de paille, Mᵐᵉ de Malicorne avait poussé Laurette au premier bruit de la bataille.

Grabel et Malicorne s'y retrouvèrent avec le cocher Thomas et la chambrière Suzon, laquelle dans son émotion d'avoir été réveillée en sursaut par le vacarme, menaçait d'arracher les yeux à tout le monde, ami ou ennemi, si on ne la laissait pas tranquille à la fin.

## XVII

*Comment le jeune Tatin prit encore un grand bain de vase,
mais rapporta de bonnes nouvelles.*

Cette nuit de terribles émotions s'acheva enfin.

Personne n'avait songé à prendre le moindre repos. Les Espagnols
rentrés dans leurs lignes se remettaient de leur échec ; il n'était que trop
visible qu'ils se préparaient pour un second assaut. Ils étaient restés en
mouvement toute la nuit, amenant à proximité de la brèche des troncs
d'arbre, des amas de branchages et des gravats qu'ils précipitaient dans
le fossé pour rendre le passage plus praticable.

Dans la ville on ne perdait pas une minute non plus et l'on renforçait
les défenses en grande hâte. Amenés au rempart par Pépin Lormel, les

Gravelinois moins fatigués que les soldats, travaillaient chacun comme quatre à rouler les pièces de bois, remplir les tonneaux de terre et enfoncer les pieux. Les soldats soufflaient un peu. Il y en avait un certain nombre qui n'entendraient plus jamais sonner la diane ou la retraite, et qui gisaient entassés sous un hangar derrière l'église. Parmi les blessés, les plus atteints seuls avaient été conduits à l'ambulance, les autres étaient restés au rempart en prévision d'une nouvelle attaque, pour combattre encore dans la mesure de leurs forces. M. de Mesnil, blessé à l'épaule et au visage, tout sanglant, une manche de son pourpoint flottante, était de ceux-là. Il devait diriger les tireurs des embrasures, et, tout furieux des coups reçus, il attendait impatiemment le moment de les rendre.

Bellormeau se multipliait, il avait l'œil à tout. Infatigable, ne sentant ni la faim, ni la courbature de ses membres rompus, ni le besoin de sommeil après tant de nuits déjà passées à peu près complètement, il allait et venait sans cesse, sans souci de quelques petites écorchures ou contusions, tout à fait dédaignées dans la chaleur de l'action. Une cuirasse sur son justaucorps montrait quelques bosselures indiquant qu'elle s'était trouvée, depuis le commencement du siège, en quelques endroits un peu chauds ; à son feutre tout cabossé pendait une longue plume rouge cassée.

Il grimpait et regrimpait sans cesse à la crête de son retranchement, vif et leste presque autant qu'autrefois, sans penser à sa jambe de bois, et se servant de sa canne surtout pour donner des ordres, indiquer les choses à faire, l'emplacement des obstacles à accumuler, des embrasures à ménager entre les pieux et les tonneaux de terre.

Vers le matin, comme l'aube se levait, il y eut un peu de bruit sur la place, des gens sortirent des maisons. Mᵉ Van der Brücke se montra et aussi le boucher Cosselmans. Quelques bourgeois, de garde au rempart du côté opposé à l'attaque et protégé par l'inondation, amenaient un homme couvert de boue des pieds à la tête et quelque peu ruisselant d'eau, qui venait de se présenter à la poterne en se retirant à grand'peine du marécage bourbeux.

On l'amenait à l'hôtel du gouverneur auquel il prétendait avoir une communication grave et pressée à faire. On demandait M. le Gouverneur ou tout au moins M. le capitaine de la garde bourgeoise pour lui remettre l'homme.

Au bruit, Malicorne sortit et, tout maugréant, Grabel apparut, se demandant quel nouvel ennui son grade allait encore lui valoir.

— Monsieur le Gouverneur? où est Monsieur le Gouverneur? criaient les bourgeois.

— Hé, il est à la brèche, envoyez l'homme lui parler à la brèche!

— Du tout! du tout! fit l'homme se débattant avec énergie, je ne vais pas dans ces endroits-là, j'ai assez traversé de dangers... Brrr! Qu'on aille le chercher...

Grabel poussa une exclamation et s'avança vers l'homme qu'il n'avait pas pu reconnaître plus tôt sous les plaques de boue qui pendaient avec ses cheveux sur sa figure.

— Tatin! Comment c'est vous, Tatin? s'écria-t-il, vous, disparu depuis deux jours et qu'on croyait tué!

— C'est moi, monsieur, fit le pauvre Tatin.

— D'où sortez-vous, malheureux, aussi sale que cela?

— Du marais, monsieur, figurez-vous...

— Bien, bien, ne m'approchez pas, inutile de vous frotter à moi... que faisiez-vous dans le marais?

— Je viens de loin... de Calais presque...

— Vous êtes allé à Calais et vous revenez ici? je ne vous reconnais plus, Tatin!... Si je me trouvais tout à coup transporté à Calais je ne raccourrais point ici!

— Oh! je suis revenu bien malgré moi, monsieur... mais qu'on aille quérir M. de Bellormeau, vite, j'ai des choses graves à lui dire...

— Des choses graves, allons encore de nouvelles calamités?

— Non, au contraire... mais vite, il me faut M. de Bellormeau... moi, je reste ici; je défaille!...

Comme mousquets et canons se taisaient du côté du rempart, un des bourgeois se risqua en courant jusqu'à la brèche pour prévenir le gouverneur. M. de Bellormeau achevait ses derniers préparatifs en prévision d'un second assaut, et, tout étant disposé pour recevoir l'ennemi avec les meilleures chances possibles, il venait d'ordonner à ses hommes de se reposer et leur faisait faire une distribution de vivres.

Il jeta un dernier coup d'œil sur les tranchées espagnoles, prévint M. de Hurtebise et gagna rapidement son logis, surpris et inquiet. Lui non plus, quand il aperçut l'individu qui le demandait si instamment, ne reconnut point Tatin tout d'abord. Assis sur une chaise que l'on avait appor-

DES BOURGEOIS RAMENAIENT UN HOMME COUVERT DE BOUE.

tée, Tatin courbait la tête pendant que l'on grattait avec un couteau son échine couverte de boue noire, épaisse d'un pouce.

— Eh bien? qu'est-ce? fit Bellormeau s'avançant dans le groupe. Qui êtes-vous, l'homme?

— Hein? quoi? fit Tatin qui s'endormait presque, ah! Monsieur le Gouverneur!

— Quoi, c'est vous, Tatin! on vous croyait enlevé par l'ennemi...

— Monsieur le Gouverneur, j'étais parti avant-hier pour...

— Oui, je sais, Pépin Lormel m'a tout dit, vous avez essayé de vous enfuir de Gravelines et vous n'avez pu traverser les lignes espagnoles.

Tatin baissa la tête.

— Oui, j'ai essayé et j'ai pu, je suis allé jusque près de Calais... la mer était basse quand je suis arrivé à Fort-Philippe et en suivant la côte à l'extrême limite des vagues, j'ai fini par mettre bien de la distance entre moi et Gravelines, c'est-à-dire l'ennemi... Quand je me suis jugé assez loin de l'endroit dangereux, j'ai regagné la côte et, par la dune, en me glissant derrière monticules et broussailles, je me suis dirigé sur Calais... Si vous saviez quelles fatigues ! marcher dans ce sable, tourner autour de chaque échancrure du rivage !... Et les alertes qui me faisaient perdre du temps !... Il faisait grand jour depuis longtemps... A un moment je vis des cavaliers sur la rive, sans doute une patrouille espagnole, et je suis resté des heures dans un trou de la dune, occupé heureusement à manger des coquillages dont j'avais bourré mes poches... bien indigestes ces coquillages !

— Abrégez ! abrégez ! ce n'est pas pour me raconter votre voyage que vous m'avez demandé !

— Talonné par la faim, je me dépêchais... quoique n'en pouvant plus.

— Plus vite donc, le temps presse ! qu'avez-vous à me dire ?

— Voilà... Je me dépêchais et je me croyais presque à Calais après une nuit et un jour de marche, lorsque tout-à-coup, derrière un groupe de maisons de pêcheurs, appuyé à une petite éminence de la dune, j'aperçus encore des soldats...

— Ah ! ah ! Espagnols ?

— Je le crus d'abord et je pensais m'évanouir... de fatigue, Monsieur le Gouverneur, de fatigue ! Mais un mousquet se baissa vers moi en même temps qu'on me hélait en français...

Bellormeau pâlit et rougit successivement.

— Continuez donc ! dit-il, voyant que Tatin s'arrêtait, satisfait de son effet.

— Je m'avançai aussitôt, le mousquet se releva et je fus entouré, interrogé sommairement puis, dès que j'eus parlé de Gravelines, on m'entraîna, m'enlevant presque pour me faire aller plus vite, vers un hameau perdu dans les arbres où je me trouvais tout-à-coup parmi les soldats et les canons devant des officiers en train de discuter... Là, on m'interroge, je dis comment je me suis échappé de Gravelines affamé, je dis à quel point vous en êtes ici et je demande à continuer ma route sur Calais pour me refaire au plus vite de toutes les privations subies... Là-dessus un officier, le chef, me déclare que non seulement je ne passerai pas, mais encore que je vais retourner immédiatement vous prévenir à Gravelines... je fais la grimace, il me...

— Au fait! Vous nous donnerez des détails tout à l'heure, que vous a-t-on chargé de me dire?

— Vous allez être secouru, cinq mille hommes, le régiment des gardes, une partie des régiments de Picardie et de Marine sont à quatre lieues d'ici, ayant réussi à dissimuler leur marche aux Espagnols... Je me croyais à Calais, je n'étais encore qu'à quatre heures de Gravelines.

— Après? après?

— Cette nuit, ils se mettront en marche pour tomber au matin sur le camp espagnol... De votre côté, tenez-vous prêt et au signal, trois coups de canon tirés par là, sortez et attaquez! Voilà les propres paroles du chef.

Bellormeau réfléchit une minute.

— On peut avoir confiance en vous? dit-il.

— Oh, monsieur! fit Tatin. Ah mais, attendez... tenez, voilà ce que m'a donné l'officier, sa signature sur ce morceau de papier, pas davantage, pour le cas où j'aurais été pris au retour par les Espagnols...

Il tendit un petit papier tout chiffonné à Bellormeau qui lut ce simple mot : Bury.

— M. de Bury! s'écria Bellormeau, très bien! Vous dites le régiment des gardes, des détachements de Picardie et de Marine?

— Cinq mille hommes! le signal, trois coups de canon!... Alors quand on me parla de revenir à Gravelines, de retraverser l'endroit dangereux, je commençais par protester, mais...

— A plus tard! vous nous direz le reste plus tard!

— Monsieur de Bellormeau! fit Malicorne, sommes-nous sauvés? pensez-vous?...

Bellormeau ne répondit point, il était déjà hors du groupe et se hâtait vers le bastion sans se soucier de faire ou non sonner sa jambe de bois sur le pavé.

— Oui, monsieur Grabel, continua Tatin en se tournant vers son patron, vous pensez que j'ai protesté, et refusé, et crié quand on m'a parlé de rebrousser chemin sur ce Gravelines de malheur où j'ai tant pâti, et de repasser par les sables quand mes jambes refusaient presque de me porter, de me risquer par la dune où l'on peut recevoir des balles espagnoles...
— Je veux m'en aller, moi, leur disais-je en me débattant, je ne suis pas soldat, je suis clerc de procureur, jeté bien malgré moi dans cette bagarre!... Et je suis fourbu, et affamé à manger des cailloux! « — Allons, en route tout de suite sur Gravelines... C'est l'ordre! » m'a dit un des officiers pendant qu'un soldat abaissait son mousquet de mon côté. Je vis bien qu'il n'y avait pas moyen de résister, je me décidai donc, mais je réclamai au moins un morceau de pain. M. de Bury me fit donner du pain, du vin et une forte tranche de jambon, et en route, avec ordre de mettre les bouchées et les enjambées doubles!

Pour m'ôter toute idée de m'esquiver sans faire la commission, deux soldats me suivirent, presque jusqu'en vue de Fort Philippe, mais c'était une précaution inutile, du moment où je ne pouvais tourner vers Calais, il me fallait bien me résigner à revenir ici.

— Pauvre Tatin! fit Grabel.

— Oui, pauvre Tatin! la route a été dure, les jambes me rentraient dans le corps, c'est à peine si j'avais la force de retirer mes semelles du sable où je m'enfonçais, car je suivais toujours la ligne du flot.... Le pire c'est qu'en arrivant à fort Fort Philippe, la marée n'était pas assez basse ; je fus donc obligé de me rapprocher de terre, tremblant à chaque instant d'être aperçu et de recevoir une balle espagnole, ou même une balle d'une sentinelle de Fort Philippe, ce qui aurait eu le même goût pour moi.... Et des transes, monsieur, quand j'ai entendu le bruit de la bataille de votre côté.... Quel tintamarre! on vous donnait l'assaut, n'est-ce pas?

— Oui, un assaut qui a été repoussé, répondit Malicorne.

— Que nous avons repoussé! ajouta Grabel.

— Je n'osais plus bouger! J'écoutai, mouillé par la mer, transi, gelé par le vent de la nuit... enfin quand cela s'apaisa un peu, la marée ayant achevé de baisser, je réussis à passer la rivière... avec de l'eau jusqu'aux hanches au moins... Puis ce furent le marécage, l'inondation, les flaques de boue, en cette obscurité je buttais dans les talus, je roulais dans les trous, je me noyais dans les bourbiers.... Enfin me voilà.... Vite de l'eau pour me débarrasser de cette boue.... de l'eau quand j'aurais tant besoin d'un cordial!

M. de Bellormeau ayant laissé Tatin continuer le récit de son voyage

J'AI ENTENDU LE BRUIT DE LA BATAILLE DE VOTRE CÔTÉ.

accidenté, apparut au rempart juste comme M. de Hurtebise avec M. de Mesnil et Bellehumeur regardaient d'un air inquiet par une meurtrière entre deux gabions.

— Ah! M. de Bellormeau, fit Hurtebise, venez voir un peu, il me semble que tout se prépare chez nos amis d'en bas pour nous donner l'aubade; ils viennent de précipiter dans le fossé quelques voiturées de terre et j'ai entendu la rumeur de la colonne qui se réunit pour l'assaut.... le fossé est maintenant plus facile à passer.... attention à nous cette fois!

— Monsieur de Hurtebise, nous sommes secourus, cinq mille hommes, les gardes, Picardie, Marine, commandés par M. de Bury....

— Que dites-vous?

— Un avis vient de m'arriver! M. de Bury attaque ce matin, tout à l'heure... Prévenez les hommes : voilà qui va ragaillardir tout le monde et nous faire oublier nos fatigues de cette nuit.... Au signal, trois coups de canon, nous attaquons aussi, nous tombons par l'avancée sur le flanc de leur batterie, qu'ils gardent à peine depuis que, sachant nos gens bien réduits, ils ne redoutent plus de sortie. Prenons vite nos dispositions, il n'est que temps, car M. de Bury ne peut tarder, d'autant qu'il a dû entendre le bruit de l'assaut et trembler d'arriver trop tard !

— Heureusement, les quelques coups de canon tirés depuis ont dû lui faire comprendre que nous tenions toujours.

La nouvelle du secours faisait le tour du bastion, tous les visages des soldats s'éclairaient, les plus fatigués se redressaient ayant retrouvé des forces ; pâlis par les fatigues, les yeux creux, les traits tirés ou bien rouges de fièvre et de surexcitation, ils se regardaient, les mains crispées sur les armes, prêts à se jeter en avant pour le suprême combat. Bellormeau et Hurtebise dirigèrent sans bruit leurs hommes vers l'avancée et les massèrent derrière des gabions qu'il n'y avait qu'à renverser pour s'ouvrir un passage. Les bons tireurs et les éclopés étaient restés aux embrasures du bastion pour aider de leur tir la faible colonne de sortie. Et tous attendirent pleins d'anxiété et aussi d'espérance.

Une détonation soudaine à quelque distance éclata dans le grand silence, puis deux autres, coup sur coup. En même temps de grands cris s'élevaient dans le camp espagnol, suivis d'une mousquetade irrégulière.

Les hommes de Bellormeau se levèrent brandissant leurs armes.

— Vive le roi ! France ! France ! En avant Picardie !

Toutes les pièces du bastion encore en état de servir firent feu à la fois sur le débouché des tranchées espagnoles, puis Bellormeau renversa lui-même un gabion de l'avancée, on enleva rapidement les obstacles accumulés, chevaux de frise ou autres, et tous s'élancèrent, les piques, les épées ou les haches de tranchée en main.

## XVIII

## *Le dernier boulet de canon.*

Les débris du corps espagnol battaient péniblement en retraite.

Surpris par l'attaque vigoureuse de la petite armée de secours qui avait réussi jusqu'au bout à dissimuler sa marche, le camp assiégeant aux premiers coups de canon avait été jeté dans le plus grand désarroi. La colonne massée pour l'assaut faisait volte-face dans le désarroi violent de la surprise, dans le tumulte des détonations, des cris des officiers, des ordres divers qui se croisaient, et ses mouvements se trouvaient tout de suite gênés par les troupes d'arrière, enfoncées au premier choc des soldats du marquis de Bury.

La sortie de Bellormeau se précipitant soudain sur leur flanc acheva le désordre. En quelques bonds, presque sans pertes, les hommes de Bellormeau furent dans la batterie, juste à point pour empêcher les Espagnols de retourner leurs canons contre le nouvel ennemi survenant. Dans une mêlée confuse on se battit avec acharnement sur les pièces dont les assiégés réussirent à enclouer une partie, paralysant les mouvements du reste et permettant ainsi aux troupes de secours de pousser leur pointe à travers les assiégeants rompus et le camp bouleversé.

Dans la ville, l'angoisse fut profonde mais courte. La nouvelle du secours arrivé s'était répandue comme une traînée de poudre. Au fracas de la bataille tous sortirent du fond des maisons, des cachettes où l'on s'était jeté au moment de l'assaut. La garde bourgeoise, peu à peu, homme à homme, se trouva reformée sur la grande place et même, lorsque l'on fut assuré de la déroute des assiégeants, lorsque les cris de victoire arrivèrent du rempart, M. Grabel apparut dans la cour de l'hôtel du gouverneur, sa grande épée au flanc, suivi de M. de Malicorne relevant la tête, la mine joyeuse, les traits épanouis, et cessant de grogner, ce qui ne lui était pas arrivé depuis le commencement de son séjour forcé à Gravelines.

— Écoutez le canon, mon cher Grabel, est-ce que ce serait enfin le terme de nos misères?

— On le dirait.... Il n'est pas trop tôt, mon cher Malicorne, je commençais à en avoir assez de la gloire et des combats! Sommes-nous enfin délivrés? Vais-je pouvoir retourner à mon étude?... Je n'ose encore y croire.

— Tout va bien, écoutez ces acclamations au rempart! dit l'hôtelier du *Lion de Flandre* survenant, non plus en blanc costume, mais coiffé de son morion, sanglé dans un pourpoint de cuir, comme un vieux routier, le baudrier en travers, la mine martiale.

— La mousquetade diminue, il paraît que l'ennemi se met en retraite....

— Il faut que j'aille m'en assurer! s'écria Grabel.

— Hé, capitaine Grabel! fit M⁰ Van der Brücke, soudain pris d'inquiétude, vous n'allez cependant pas nous commander une sortie! On dit sur la place que M. de Turenne et le roi en personne sont là avec une armée de cent mille hommes au moins, ils suffiront bien sans nous à la besogne...

Le clerc Tatin débarbouillé, lessivé, simplement fripé maintenant et non boueux, parut à son tour, suivi de M^me de Malicorne, de Laurette et de la chambrière Suzon, toutes dans le plus grand émoi.

— M. de Turenne ni le roi ne sont là, dit-il, et il en manque quatre vingt-quinze mille à vos cent mille hommes; il y a quatre ou cinq mille hommes commandés par M. de Bury, mais je crois que c'est assez avec M. de Bellormeau !

Laurette entraînait sa chambrière vers l'ambulance, car on commençait à voir arriver des blessés, de ceux qui peu grièvement touchés pouvaient marcher, et tout le fracas de la bataille faisait prévoir qu'ils seraient bientôt suivis de beaucoup d'autres.

— Ce sont des hommes de la garnison sortis avec M. de Bellormeau, dit l'hôtelier.

La figure de Malicorne se rembrunit.

— Pourvu, fit-il, que ce diable de Bellormeau ne se fasse point mettre en capilotade, avec sa manie de se fourrer toujours au plus chaud des mauvais endroits ! Il est déjà assez entamé, une avarie de plus, ce serait vraiment trop !

— Eh ! tout à l'heure au moment de l'assaut, dit Grabel, vous me juriez que vous ne vouliez plus entendre parler d'un gendre qui vous plonge ainsi dans toutes les détresses.... Tâchez au moins de savoir ce que vous voulez !

— C'est ce que je pensais tout à l'heure, mon cher, maintenant je pense autrement, puisqu'il nous tire d'affaire ! écoutez les nouvelles !...

— Tout va bien, crièrent des Gravelinois, se hélant du bout de la ruelle au rempart, c'est une vraie déroute, on poursuit ce qui reste des bataillons espagnols !

La mousquetade cessait, seul le canon faisait encore entendre sa voix de temps à autre. Le tambour de la garde bourgeoise sur la grande place battit un roulement sonore et joyeux ; c'était le rappel. Au bruit, les hom-

mes accouraient, sans rechigner cette fois ; le mousquet crânement porté
sur l'épaule, quelques-uns secouaient avec un grand bruit de ferraille les
bandoulières à cartouches, les poires à poudre sur des cuirasses ou des
corselets d'acier.

Grabel et Malicorne firent comme les autres et se dirigèrent vers le
lieu de rassemblement où les attendait Mᵉ Van der Brücke, appuyé sur sa
grande flamberge et fièrement campé devant le *Lion de Flandre*. C'était lui
qui avait fait battre le tambour.

Il fit de loin signe à Grabel d'accourir.

— Allons, fit celui-ci, soyons encore une fois le capitaine Grabel.

— Et moi, monsieur le lieutenant de Malicorne, ajouta son beau-
frère, mais que ce soit pour la dernière fois !

— Vite, messieurs, cria Van der Brücke, il convient que la garde
bourgeoise aille s'aligner devant la porte de la ville pour rendre les honneurs aux vainqueurs, nous leur devons bien cette politesse. Tout est fini,
envolés messieurs les ennemis, ou du moins ceux que nous n'avons point
taillés en pièces ! Nous sommes délivrés, les troupes vont entrer en ville.

— A-t-on des nouvelles de M. le Gouverneur ?

Le visage de Van der Brücke se rembrunit.

— Hein ! oui.... non.... enfin je ne sais pas encore au juste, mais....

— Mais quoi ? Palsamguienne ! Ventre de biche ! Vous me faites
frémir ! Qu'est-ce que je disais ? Cet endiablé de Bellormeau, cette timide
demoiselle qui rougit devant tout le monde et qui devient un vrai démon
rien qu'à l'odeur de la poudre, n'a aucun égard pour son beau-père ni pour
sa fiancée ! Bellormeau se sera fait hacher comme chair à pâtés par les
Espagnols ! Me voilà veuf de mon gendre, un gendre qui ne m'a causé que
des désagréments et cela juste au moment où les choses allaient changer !
Morbleu, il n'y a que moi pour avoir de ces malechances !

— Ne vous désolez pas d'avance, monsieur de Malicorne, je vous dit
qu'on n'est pas certain.... le bruit court.... des blessés ont dit que.... mais
nous allons savoir bientôt.... En route, veuillez commander, capitaine
Grabel !... Tambours, battez !...

— Les tambours exécutèrent un roulement, Grabel commanda et la

garde bourgeoise, le mousquet ou la pique à l'épaule, se mit joyeusement
en marche.

— Mille cornes de diable! Vertubleu de vertubleu! gémit Malicorne
tout en marchant, un gendre qui ne m'a encore donné que des tracas! qui
m'a tourmenté, affamé, enrôlé, canonné, presque pendu, à moitié noyé,
qui a mangé mes chevaux! qui m'a nourri de côtes de choux, de morue
rance, de chat ou de rat!... un gendre qui.... le perdre juste au moment
où il allait pouvoir se montrer ce qu'il brûlait d'être, ce qu'il était au fond,
ce pauvre Bellormeau, un garçon doux et affable, plein d'amitié, de préve-
nances et d'attentions pour son beau-père!... Bellormeau n'est plus, c'est
trop de malechance pour moi.... Sans seulement se dire qu'il allait mettre
le comble aux contrariétés dont il nous accablait depuis notre arrivée chez
lui, il s'est jeté dans la mêlée, il est allé se faire tuer!.... C'était un
égoïste!

Déjà la porte avait été débarrassée de tous les obstacles accumulés
devant elle, le pont-levis baissé. Les Gravelinois en foule s'assemblaient
dans l'étroite rue sous le rempart; des troupes entraient au milieu des
acclamations, les soldats joyeux levaient leur chapeaux, ou brandissaient
des trophées enlevés à l'ennemi, des armes, des cornettes. La garde bourgeoise s'aligna de chaque côté de la rue, accueillant de ses *vivats* les détachements des vainqueurs, au fur et à mesure qu'ils se présentaient à la
porte.

Malicorne continuait à tristement monologuer. Il ne voyait toujours
pas revenir M. de Bellormeau et il ne lui restait guère d'espoir. Le capitaine
Grabel tout en levant sa rapière pour saluer les groupes d'officiers, songeait surtout au plaisir de quitter Gravelines et se demandait à quel moment la route de Paris serait libre et sûre. En attendant, le temps des
privations était passé, sans doute des provisions allaient arriver. Et tout à
la joie il oubliait le pauvre Bellormeau et le tourment de Malicorne.

Tout-à-coup celui-ci poussa un cri. Il venait d'apercevoir Pépin
Lormel s'avançant d'un air pressé, le mousquet sur l'épaule, sur le côté
d'une colonne. Il courut à lui et l'arrêta par le bras.

— Eh bien? lui cria-t-il dans l'oreille pour se faire entendre à travers le

12.

vacarme des tambours, des trompettes et des acclamations, et Monsieur le Gouverneur?

— Ah, dit Pépin Lormel, vous savez ce qui lui est arrivé, à ce pauvre M. de Bellormeau, je cours en avant à l'hôtel pour....

M. de Malicorne devint tout rouge et laisse échapper une série de vertubleu!

— Ah! fit-il, tomber ainsi au moment de la victoire!... quelle catastrophe! j'en ferai au moins une maladie!

— Voyez derrière, dit Pépin Lormel s'échappant, on le ramène!

M. de Malicorne aperçut après les dernières files de la colonne un groupe de soldats qui s'avançaient plus lentement, portant sur un brancard un homme à demi recouvert par un manteau.

Quelques soldats de la garnison plus ou moins éclopés, parmi lesquels le sergent Bellehumeur assez mal arrangé, du sang sur la figure et un bras en écharpe, marchaient sur le côté du brancard. Derrière venait tout un état-major d'officiers à cheval, des cuirasses brillantes, quelques-unes bossuées, des plumes, des panaches, des écharpes flottant au vent, des figures joyeuses et martiales encore tout surexcitées par la bataille. A leur vue les acclamations redoublèrent, tous les gosiers de la foule s'enrouèrent et et les tambours de la garde bourgeoise faillirent d'enthousiasme crever leurs caisses.

Malicorne se précipita.

— Ce pauvre Bellormeau! cria-t-il, bousculant presque le sergent Bellehumeur, je viens d'apprendre son malheur....

Il s'arrêta, Bellehumeur le regardait ayant presque l'air de rire.

— Nous le rapportons, soyez tranquille, fit Bellehumeur.

Ce soudard vraiment ne montrait guère de sensibilité et n'affectait pas grand attachement à son malheureux chef. Malicorne le pensa, il allait le lui dire, lorsque soudain la voix de Bellormeau retentit à son oreille surprise.

— Ah! c'est vous, monsieur de Malicorne, disait Bellormeau, eh bien, soyez joyeux, nous sommes délivrés.

— Il n'est pas tout à fait mort, pensa Malicorne, et même il a encore

« NOUS RAPPORTONS MONSIEUR LE GOUVERNEUR EN MORCEAUX. »

bonne voix, est-ce qu'il y aurait encore de l'espoir?... Eh bien! eh bien?
fit-il tout haut, mon pauvre ami, je le disais bien, vous vous êtes fait
mettre en capitolade?... Toujours le même! Voyons, voyons, permettez-
moi d'espérer que vous n'êtes pas tout à fait tué... tué sans rémission....

Bellormeau sourit et près de lui Bellehumeur éclata de rire. Le pauvre
M. de Malicorne qui avait encore la larme à l'œil se retourna furieux.

« SERGENT BELLEHUMEUR, VOUS N'AVEZ PAS HONTE DE RIRE? »

— Sergent Bellehumeur, dit-il, vous n'avez pas honte de rire en
pareille circonstance, quand votre chef agonise sur un lit de douleur!

— Ne cherchez pas querelle à Bellehumeur et tranquillisez-vous, fit
Bellormeau, vous voyez que je ris aussi!

— Nous rapportons Monsieur le Gouverneur en morceaux, dit Bellehumeur, mais on tâchera de le raccommoder.

— Alors, vous n'êtes pas tout à fait trépassé, vous n'êtes que blessé?

— Figurez-vous, dit Bellehumeur, que Monsieur le Gouverneur qui n'avait rien attrapé au moment le plus chaud et le plus dur, en pleine bagarre, quand nous avons sauté dans la batterie des Espagnols et tapé comme des sourds, et donné ou reçu des coups en veux-tu en voilà, et encloué les trois quarts de leurs pièces, et Dieu sait s'il va en manquer à l'appel des camarades qui étaient là, même le pauvre Bonnescuelle qui n'aura plus jamais besoin de cuiller ni de fourchette!... figurez-vous que Monsieur le Gouverneur, après, quand les Espagnols étaient en pleine déroute, au dernier coup de canon tiré par eux, a eu la jambe emportée par le dernier boulet!... Brouff! c'était fait, la jambe partie, Monsieur le Gouverneur par terre!

— La jambe! s'écria Malicorne repâlissant.

— Ce n'est rien, fit Bellormeau que les officiers de l'état-major entouraient, ce n'est rien.

— Il était devenu tout rouge et semblait repris de ses accès de timidité.

— Et il dit que ce n'est rien! gémit Malicorne.

— Accident ridicule, ajouta Bellormeau.

Bellehumeur encore une fois ne put se retenir de rire.

Malicorne le foudroya du regard, faute de trouver des expressions pour sa véhémente indignation.

— Nous en avons de rechange, c'était celle de bois! s'écria Bellehumeur, aïe! c'est moins douloureux que mon bras qui est en vrai et que ces Espagnols m'ont abîmé!

Et pour rassurer tout à fait Malicorne qui doutait encore, Bellormeau dût soulever le manteau recouvrant ses jambes et montrer l'accident causé par le boulet espagnol, assez discret pour se contenter d'une jambe de bois.

Ouf! s'écria Malicorne, je respire! Vous pouvez dire que vous m'avez fait une belle peur.... à ajouter à toutes les émotions que vous nous avez procurées, monsieur mon gendre!... Mais tout est oublié, nous sommes délivrés, vous n'êtes pas tué, tout est pour le mieux... Maintenant à quand la noce?

— Pardonnez si j'interromps vos effusions, dit un cavalier qui venait

de se frayer passage à travers la cohue et qui avait entendu les derniers
mots de Malicorne, mon cher Bellormeau, à moi aussi, vous avez fait une
belle peur ; je vous croyais tué tout à l'heure, et ma foi j'ai passé ma colère
sur l'ennemi que je faisais charger à outrance pour vous venger... Enfin
vous voilà sans grand mal, vous m'en voyez bien heureux, je vais donc
pouvoir vous offrir toutes mes félicitations !

— Ah ! monsieur de Bury ! dit Bellormeau serrant la main du marquis, vous êtes trop bon, je n'ai fait que ce que je devais...

— Et j'avais grand peur pour Gravelines, mon cher Bellormeau, je
craignais fort de ne pas arriver à temps pour vous dégager, mais votre
belle et opiniâtre défense, dans cette bicoque, a donné tout loisir à M. de
Turenne et à M. le cardinal de préparer leurs combinaisons. Quand j'ai eu
mes troupes, j'ai pu, par un grand crochet, dérober ma marche à l'ennemi
et le joindre quand il ne m'attendait pas.... C'était le bon moment, il
paraît?

— Il était temps, monsieur, nous n'avions plus que deux ou trois
jours de vivres que nous aurions fait durer six ou huit....

M. de Bury frémit et jeta un regard à Malicorne qui s'approchait.

— Et j'ai vu à la figure de vos hommes que, si mal que vous les
nourrissiez, vous ne leur ménagiez ni fatigues, ni dangers ! J'en ferai bon
rapport à M. le cardinal, et le roi saura reconnaître leurs services... et les
vôtres, mon cher Bellormeau ! Et maintenant, trompettes sonnez, entrons
en ville !

Tout est fini. M. de Bellormeau a une jambe de rechange ; tout joyeux,
guéri des petites égratignures reçues la nuit de l'assaut, remis des dures
privations du siège, il inspecte les travaux des soldats qui depuis une
quinzaine sont occupés à réparer les fortifications démantelées de la ville
et à tout remettre en bon état de défense.

Les ouvrages des assiégeants ont déjà disparu, le pays a repris son
aspect d'avant le siège.

M. de Malicorne qui brûlait tant de quitter Gravelines est encore là,
joyeux aussi, et libre de tout souci. La guerre s'est portée plus loin et

comme les vivres sont revenus en abondance, les ennuis de la famine,
l'horrible morue racornie, les trognons de choux et le pâté de rats sont
oubliés.

M. Grabel seul est rentré à Paris; il a trouvé son étude en grand
désarroi, les trois quarts des procès en cours s'étant arrangés tout seuls
pendant son absence. Ses clercs trop libres, laissés à leur fantaisie depuis
si longtemps étaient en train de donner à son étude un très fâcheux renom,
mais il a repris vivement la bride et se console en racontant la part pré-
pondérante qu'il a prise à la défense de Gravelines comme capitaine de la
garde bourgeoise.

Le jeune Tatin n'a fait que toucher barres à Paris; bien vite il s'est
envolé vers Rouen, chez ses parents pour se refaire, jurant de ne plus
jamais quitter sa ville.

Mᵉ Grabel doit bientôt revenir à Gravelines pour le mariage de M. le
Gouverneur avec Mˡˡᵉ Laurette de Malicorne qui sera célébré en grande
pompe ces jours-ci en l'église de cette ville.

M. de Bury vient d'arriver pour la noce; il apportait à M. le Gouverneur, avec les félicitations royales, les lettres patentes érigeant en mar-
quisat les *terre et château de Bellormeau en Picardie* en récompense des
services du sieur de Bellormeau maintenu provisoirement en la ville qu'il
avait si bien défendue, mais devant être, avant peu, pourvu d'un gouvernement plus important.

M. de Malicorne est aux anges. Sa fille sera marquise. Déjà il a pris
ses mesures et ordonné de préparer les plans pour la reconstruction du
donjon de Bellormeau. Il accable son gendre d'amabilités, peut-être même
en est-il devenu gênant à force de vouloir se montrer gracieux, et de
regarder en toute occasion d'un œil complaisant et flatté la jambe de bois
du gouverneur.

Il proclame que cette *irrégularité* n'est pas sans charmes et qu'en
outre elle est fort avantageuse pour M. le marquis de Bellormeau, puisqu'il peut encore la risquer au service du roi sans autre précaution que
d'en avoir toujours une de rechange.

Pépin Lormel est désormais officiellement majordome de la maison de

M. le Gouverneur, un peu mieux montée que naguère, et quant aux autres natifs de Bellormeau, en Picardie, on leur a trouvé des situations.

Criblé de blessures, mais solide et bien portant, heureux, un peu moins timide que par le passé, M. le marquis de Bellormeau sans nul doute est destiné à devenir un très glorieux général des armées du roi.

FIN

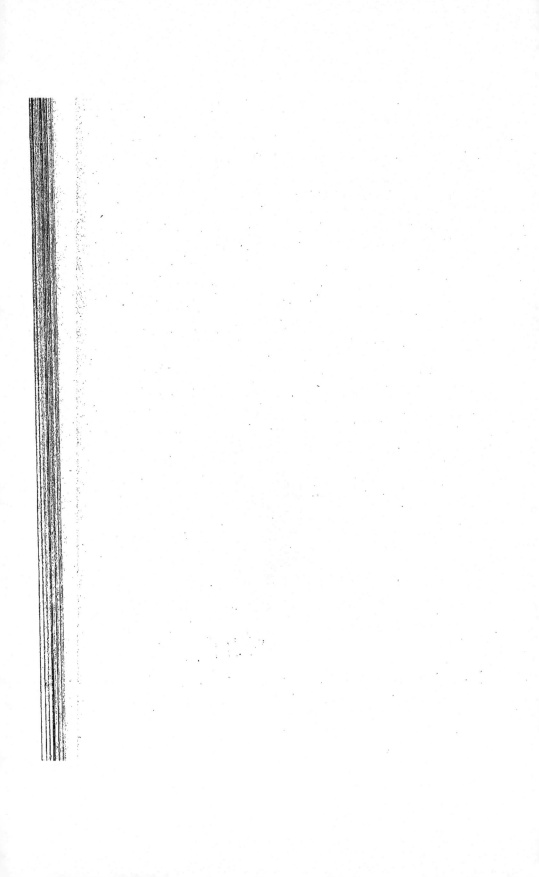

# TABLE DES MATIÈRES

Paris. — Imprimerie E. Kapp, 83, Rue du Bac.

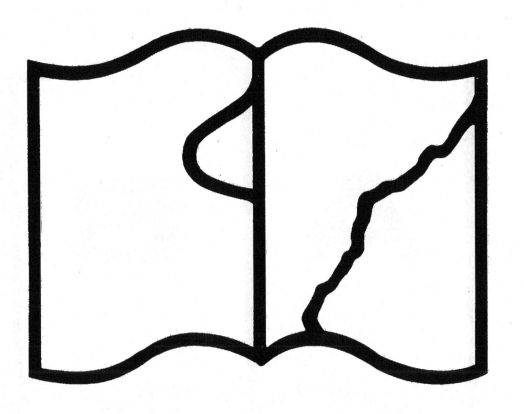

Texte détérioré — reliure défectueuse

**NF Z 43**-120-11

Contraste insuffisant

**NF Z 43**-120-14

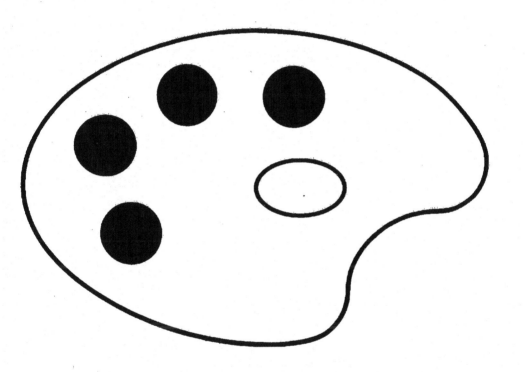

Original en couleur
NF Z 43-120-8

Lightning Source UK Ltd.
Milton Keynes UK
UKOW05f0627020517
300310UK00005B/155/P